Angelica Torres

Strich für Strich zur kreativen Entspannung mit Watercolor

25 Aquarellprojekte für meditative Auszeiten

DK

DK | Penguin Random House

Für die deutsche Ausgabe:
Verlagsleitung Monika Schlitzer
Programmleitung Heike Faßbender
Projektbetreuung Doreen Wolff
Herstellungsleitung Dorothee Whittaker
Herstellungskoordination Arnika Marx, Claudia Rode
Herstellung Inga Reinke

Übersetzung Wiebke Krabbe, Damlos
Lektorat lesezeichen Verlagsdienste, Köln

Titel der englischen Originalausgabe:
Watercolor for relaxation. 25 meditative projects
to help you unwind.

Der Originaltitel erschien 2021 in den Vereinigten Staaten
von Amerika bei Page Street Publishing Co, Salem.

Fotografie Angelica Torres

ISBN 978-3-8310-4645-4

Druck und Bindung L.E.G.O. S.p.A., Italien

FSC www.fsc.org MIX Papier | Fördert gute Waldnutzung FSC® C023419

www.dk-verlag.de

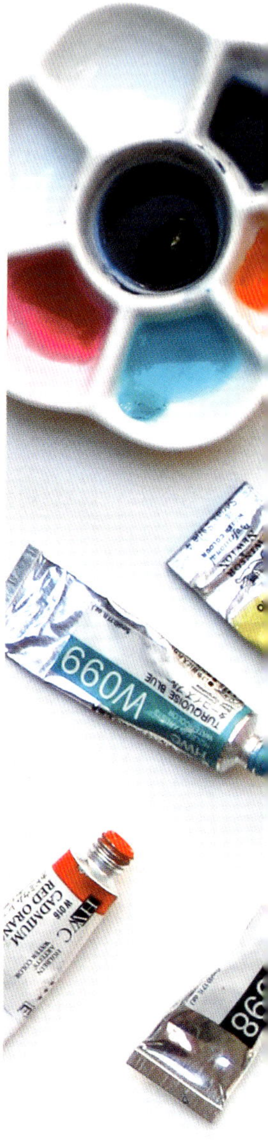

Hinweis
Die Informationen und Ratschläge in diesem Buch sind von der
Autorin und vom Verlag sorgfältig erwogen und geprüft, dennoch
kann eine Garantie nicht übernommen werden.
Eine Haftung der Autorin bzw. des Verlags und seiner Beauftragten
für Personen-, Sach- und Vermögensschäden ist ausgeschlossen.

Für Milo

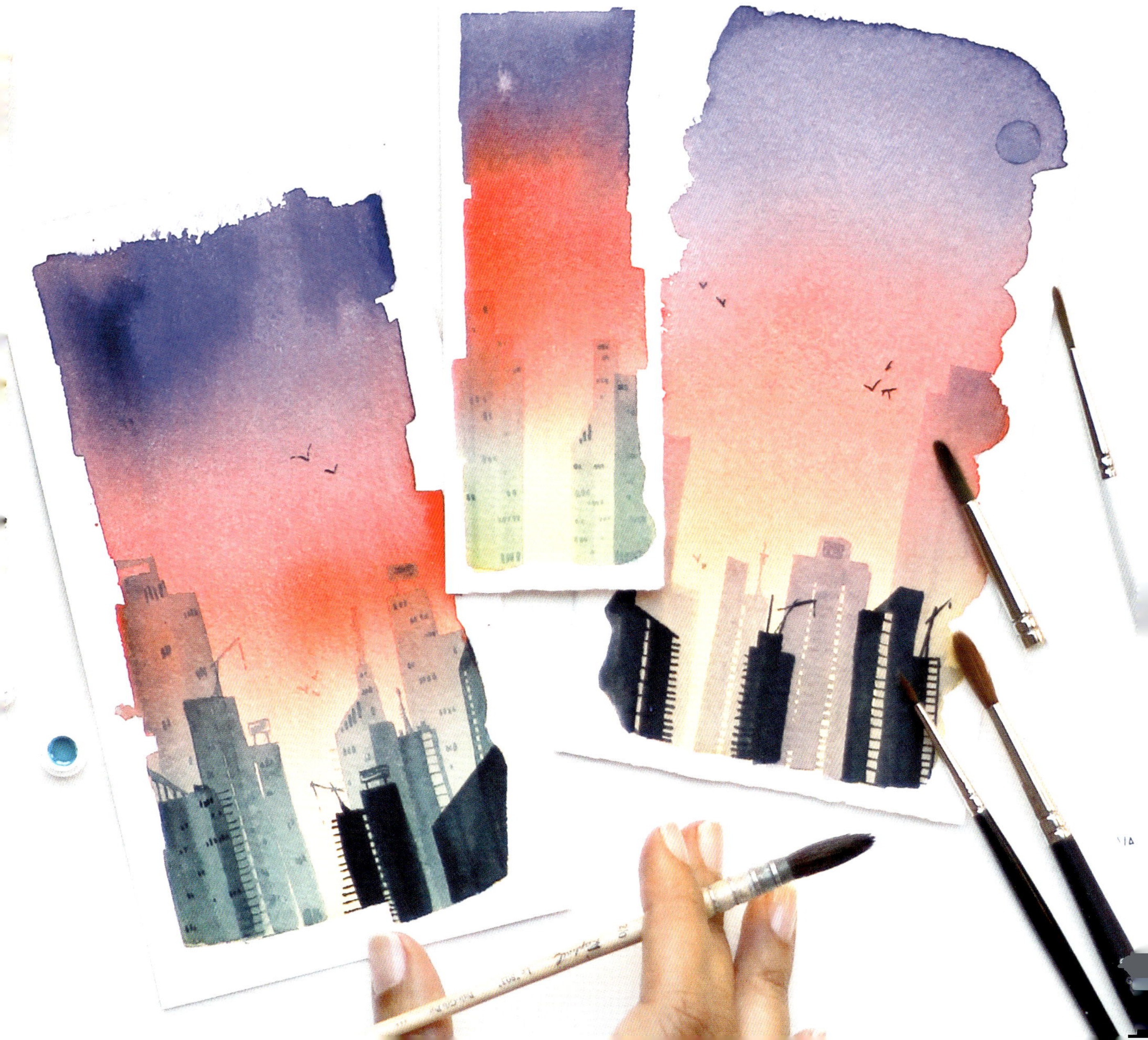

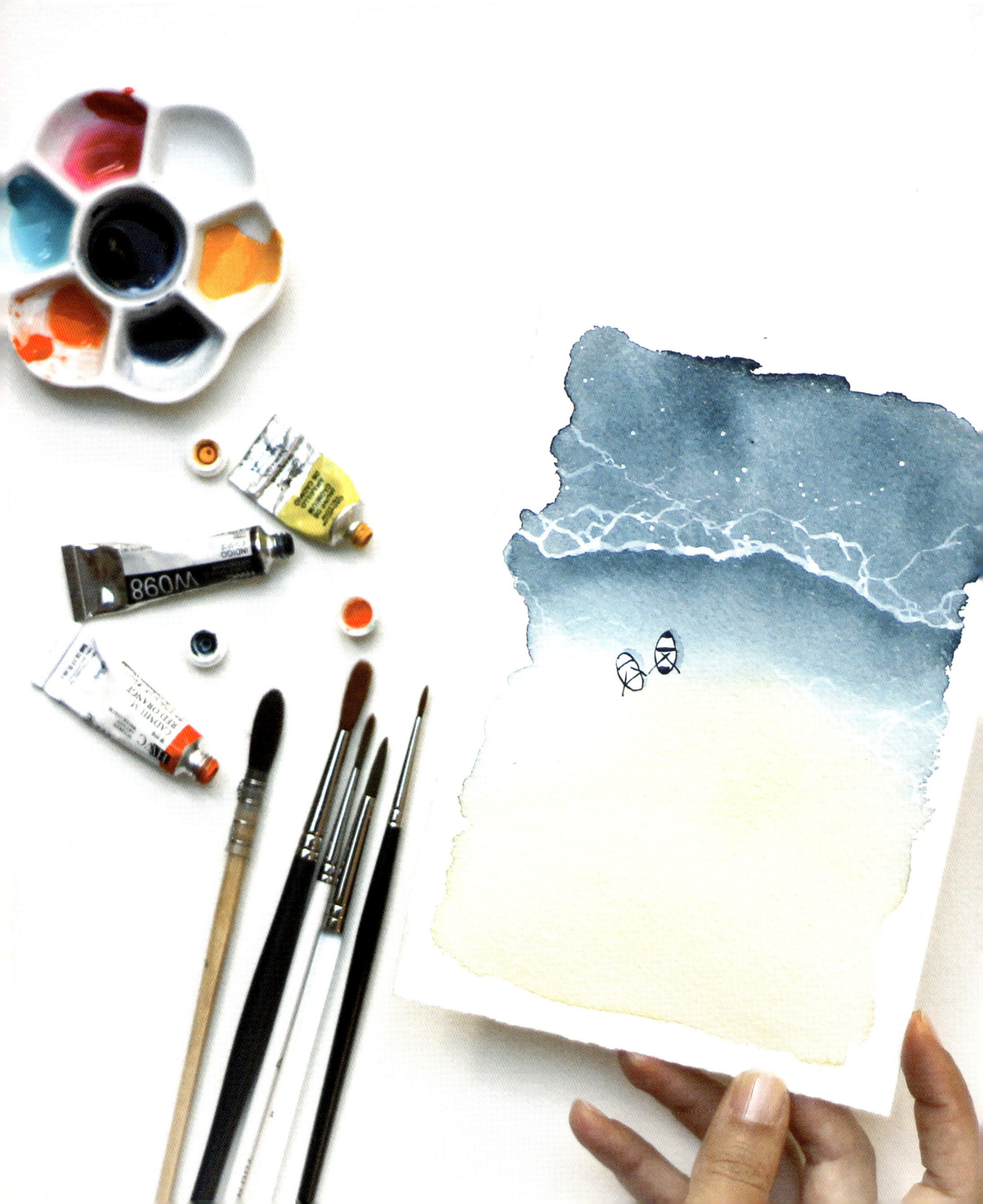
W098
INDIGO
CADMIUM
RED ORANGE

Inhalt

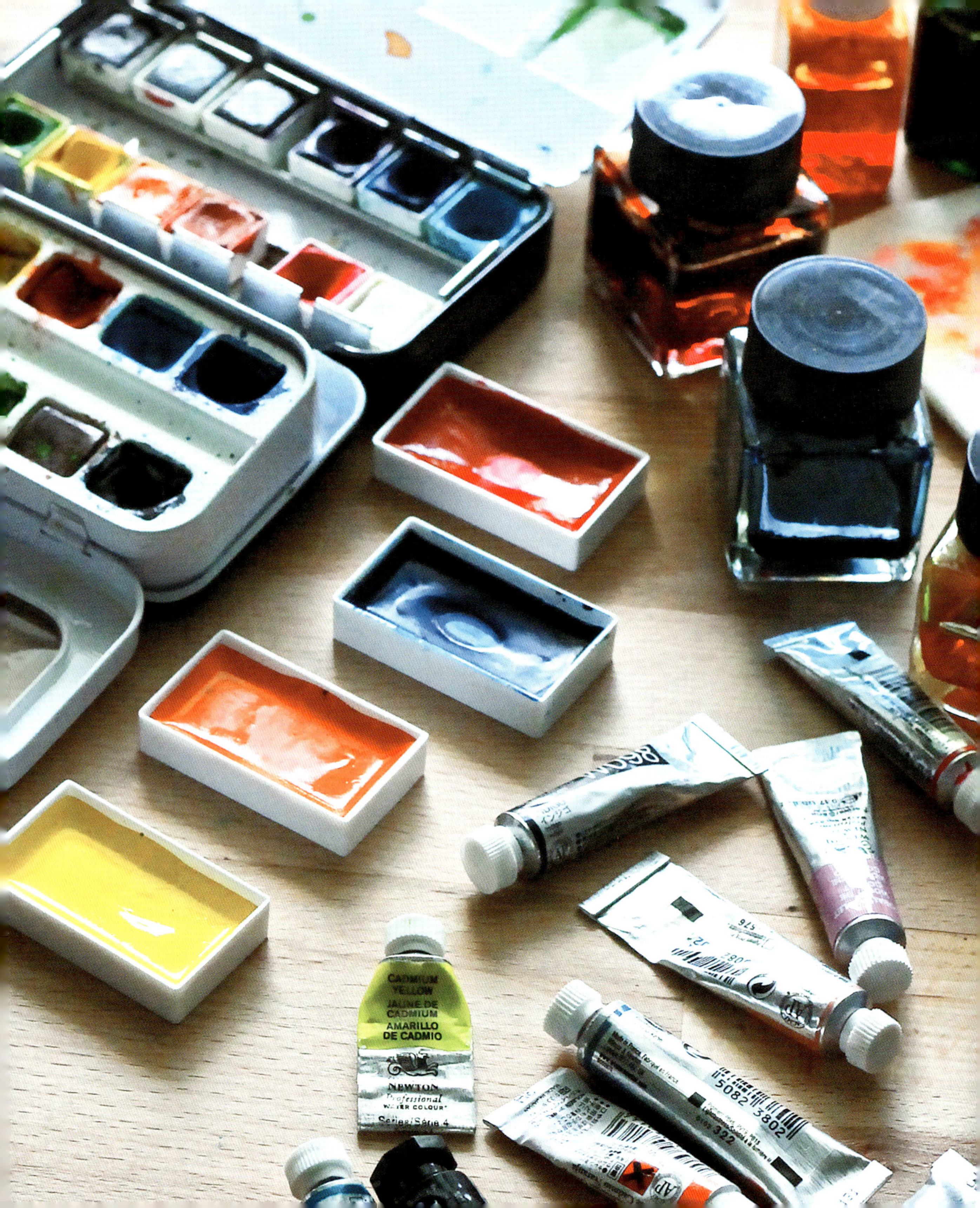
CADMIUM YELLOW
JAUNE DE CADMIUM
AMARILLO DE CADMIO
NEWTON
Professional
WATER COLOUR
Series/Série 4

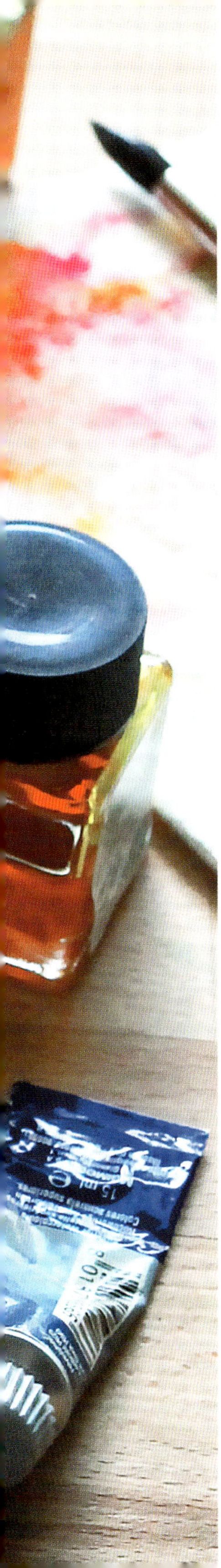

Vorwort

Die Aquarellmalerei gilt als besonders anspruchsvoll – aber das ist gar nicht der Fall.

Gerade Anfänger fühlen sich oft eingeschüchtert, wenn sie vor einem leeren Blatt Papier sitzen. Wie aber Jay Shetty einmal sagte: »Zum Glück haben wir ein einfaches, sehr wirkungsvolles Werkzeug immer bei uns, das uns hilft, die Angst oder Lähmung zu überwinden: unseren Atem.« Jedes Mal, bevor ich ein neues Bild oder auch nur eine kleine Skizze beginne, atme ich tief ein, und beim Ausatmen lasse ich alle Anspannung los und male etwas ... irgendetwas. Jeder Strich ist ein Schritt Richtung Bild.

Die Aquarellmalerei fasziniert mich wegen ihrer therapeutischen Qualität. Jedes neue Bild gibt mir die Möglichkeit, mich auf meinen Atem zu konzentrieren, mein geistiges Wohlbefinden zu überprüfen und alles abzugeben, was mir in diesem Moment nicht gut tut.

Der Zauber der Aquarellfarbe liegt darin, dass sie zart und leicht ist und mühelos fließt. Mit minimalem Aufwand lassen sich Transparenz, faszinierende Mischungen und Texturen erzeugen. Besonders mag ich, dass man Erwartungen loslassen und absolute Kontrolle aufgeben muss, denn beides bringt gar keinen Nutzen. Beim Lernen ist es wichtig, ein gewisses Unbehagen auszuhalten, denn nur so entwickelt sich die Fähigkeit, frei und in völliger Harmonie mit dem Pinsel zu malen. Es gibt dabei keine Fehler. Alles, was du malst – und wenn es noch so klein oder belanglos scheint – ist ein Schritt nach vorn, der dich auch im Leben weiterbringt.

In diesem Buch zeige ich grundlegende, anfängerfreundliche Aquarelltechniken, die dein Muskelgedächtnis trainieren und dir helfen, einfache Pinselstriche zu erlernen. Dazu erkläre ich Atemtechniken, die im Alltag Entspannung schenken und so dazu beitragen, dass dir schöne Werke gelingen, die du stolz der Familie oder den Freunden zeigen kannst. Das Geheimnis besteht darin, Formen durch einfache Pinselstriche darzustellen.

In meiner Berufslaufbahn hat es mir immer besondere Freude gemacht, anderen wunderbare und beruhigende Techniken zu vermitteln und ihnen dabei zu helfen, in ihren eigenen Flow zu finden. Solche Momente der Stille, Konzentration und Achtsamkeit sind unglaublich wohltuend. Probiere es aus!

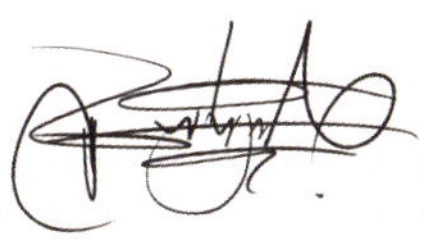

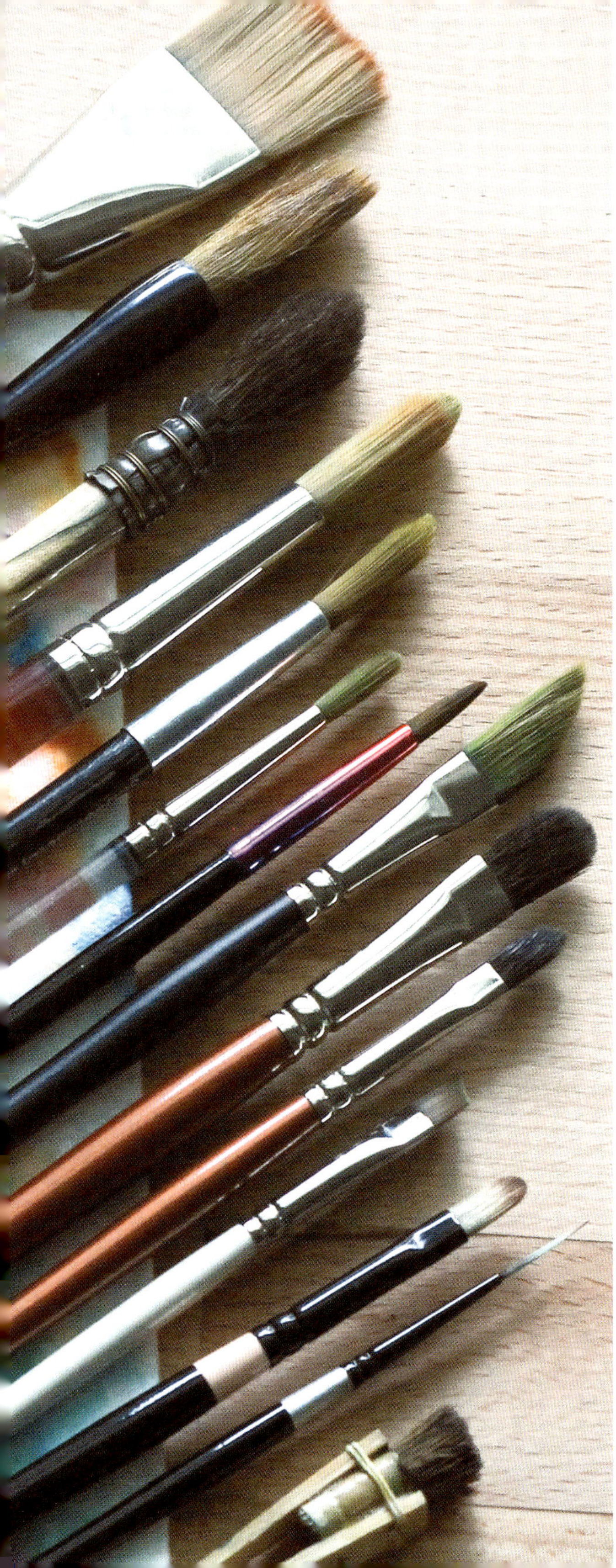

Materialien

Pinsel, Farben und Papier – mehr als diese grundlegenden Materialien brauchst du am Anfang nicht. Wenn du mehr Erfahrung gesammelt hast, wirst du viele weitere Materialien wie Buntstifte, Pastellstifte, Marker und andere Medien verwenden, mit denen du experimentieren und eine Vielzahl von Texturen erzeugen kannst.

Pinsel

Ich verwende hauptsächlich zwei Arten von Pinseln: Synthetikpinsel und Naturhaarpinsel. Der Hauptunterschied liegt in der Art, wie sie Wasser aufnehmen, und in der Weichheit der Borsten.

Wenn ich etwas malen möchte, das Präzision erfordert, bevorzuge ich synthetische Pinsel, weil die Borsten in ihrer Bewegung stabiler sind.

Wenn ich eher locker male, z. B. einen Himmel oder weiche Formen, die viel Wasser benötigen, verwende ich eher Naturhaarpinsel, weil sie viel Wasser und Pigment aufnehmen, und weil die Farbe sehr schön herausfließt.

Es gibt viele Marken und Hersteller, aus denen man wählen kann. Ich bin nicht auf eine bestimmte Marke festgelegt, sondern gehe normalerweise einfach ins Fachgeschäft und kaufe einen Pinsel, der nicht zu teuer ist. Ich kann nur empfehlen, Pinsel verschiedener Hersteller auszuprobieren, um die persönlichen Favoriten zu finden. Das ist ein Annäherungsprozess aus Versuch und Irrtum.

Zu den vielseitigsten Pinsel gehören die runden Synthetikpinsel Nr. 2 und Nr. 6, weil man mit diesen beiden Größen nahezu alles malen kann.

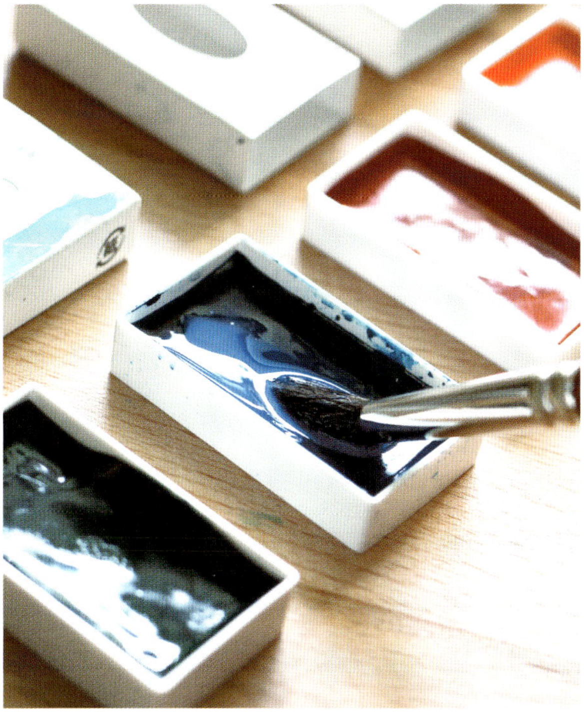

Ganze Näpfchen

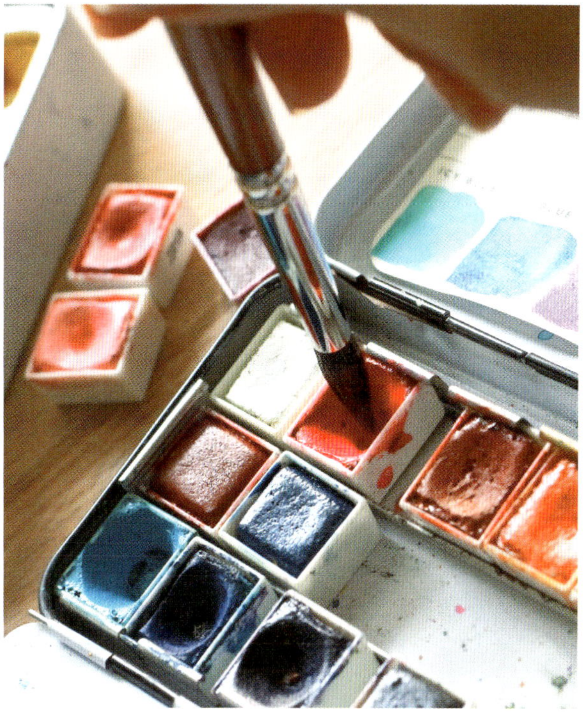

Halbe Näpfchen

Farben

Es gibt drei Hauptkategorien von Aquarellfarben: Tuben und ganze sowie halbe Näpfchen (beide jeweils in Studien- und Künstlerqualität) sowie Aquarelltinte.

Mit Tubenfarben arbeite ich besonders gern, denn sie sind einsatzbereit, sobald man sie aus der Tube drückt. Man muss sie nicht zusätzlich anfeuchten.

Aquarellfarben in Studienqualität eignen sich hervorragend für den Anfang, aber je weiter deine künstlerische Entwicklung voranschreitet, desto öfter wirst du dir Farben wünschen, die intensiver pigmentiert sind und weniger synthetische Bindemittel oder Füllstoffe enthalten. Farben in Künstlerqualität sind deutlich hochwertiger und entsprechend teurer.

Näpfchen eignen sich sehr gut für den Einstieg und um mit Farben zu experimentieren. Ein kleiner Aquarellkasten enthält normalerweise zwölf Farben. Diese Kästen lassen sich gut transportieren, und ihr Deckel kann als Palette benutzt werden, darum habe ich auf Reisen meist einen Kasten mit meinen Lieblingsfarben im Gepäck. Die einzigen beiden Nachteile sind, dass man viele Farben nur in halben Näpfchen bekommt, und dass man sich die Pinselspitze ruinieren kann, wenn man versucht, die letzten Farbreste aus den Ecken zu kitzeln.

Farben in Näpfchen müssen mit Wasser angelöst werden, bevor man mit ihnen malen kann.

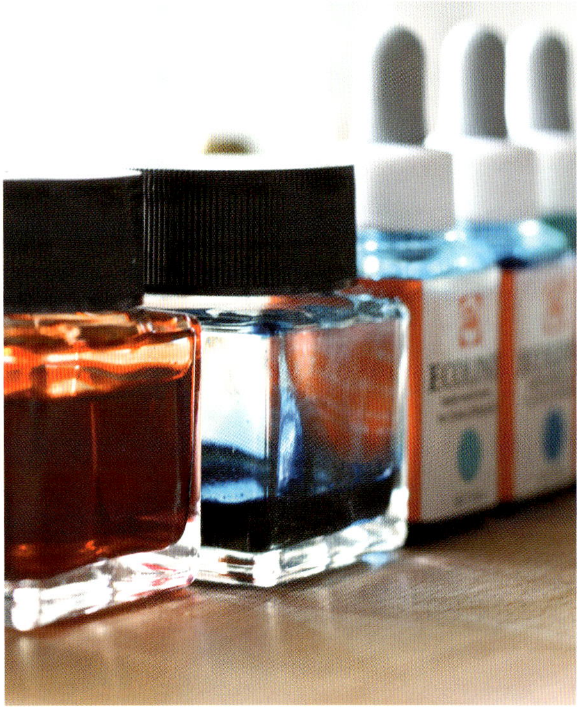

Aquarelltinte

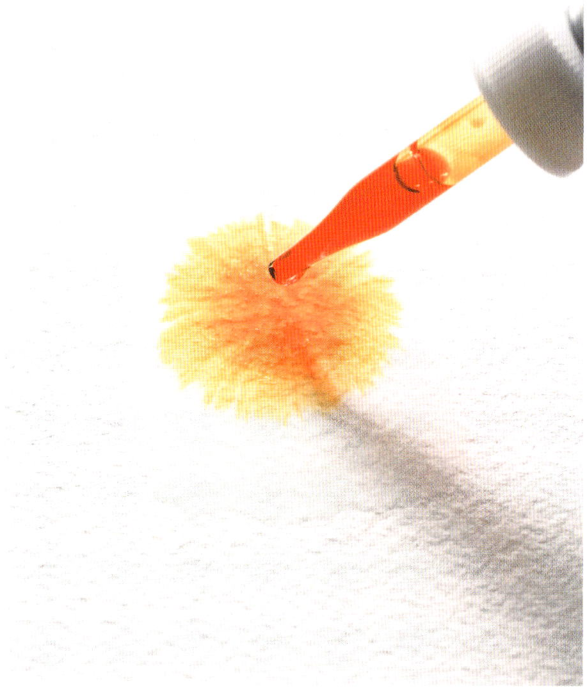

Tinte auf kalt gepresstem Papier

Aquarelltinte hat eine sehr hohe Pigmentkonzentration. Ich arbeite selten mit Tinte, weil sich die Farbintensität nur schwer kontrollieren lässt. In der Regel brauche ich viele Tests auf Schmierpapier, bevor ich das richtige Verdünnungsverhältnis für meine gewünschte Farbintensität gefunden habe. Die Tinte verläuft sofort, sobald man sie auf das Papier gibt, und manche Tinten lassen sich schlecht mischen. Sie sind jedoch unschlagbar, wenn superintensive Farben gewünscht sind.

Papier

Die beliebtesten Papiertypen sind kalt gepresstes und heiß gepresstes Aquarellpapier. Kalt gepresstes Papier wird matt. Es hat eine samtige, manchmal leicht strukturierte Oberfläche, durch die darauf gemalte Bilder eine schöne Textur bekommen. Heiß gepresstes Papier wird glatt. Es nimmt die Farbe nicht ganz so schnell an und wird gern von Künstlern verwendet, die ihre Werke anschließend digitalisieren möchten und dabei nicht zu viel Textur bereinigen wollen.

Ich persönlich finde, dass das Papier viel zum Erfolg oder Misserfolg eines Gemäldes beiträgt. Es bedurfte vieler Experimente, bis ich meinen Lieblingshersteller Arches gefunden hatte. Ich arbeite vorzugsweise auf mattem Papier mit einem Gewicht von 255 g/m². Es ist zwar nicht das günstigste, aber wegen seiner hohen Qualität bemale ich oft beide Seiten des Papiers und erziele dabei gleichbleibend gute Ergebnisse. Die Beispiele für dieses Buch wurden auf kalt gepresstem Hadernpapier (aus Baumwollfasern) mit 255 g/m² im Format von ca. 12,5 × 17,5 cm gemalt.

Farbenlehre

Grundkenntnisse der Farbenlehre sind wichtig für gelungene, ausgewogene Kompositionen. Ich werde mich hier auf das Wesentliche beschränken.

Primärfarben: Gelb, Blau und Rot. Dies sind die drei Grundfarben, die man nicht aus anderen Farben mischen kann, d. h. es gibt keine zwei (oder mehr) Farben, die übereinander ein reines Gelb, Blau oder Rot ergeben.

Sekundärfarben: Grün, Orange, Violett. Sie entstehen, wenn man zwei Primärfarben miteinander mischt. Blau und Gelb ergeben beispielsweise ein schönes Grün.

Tertiärfarben: Gelborange, Gelbgrün, Rotorange, Rotviolett, Blaugrün, Blauviolett. Sie entstehen, wenn man eine Primärfarbe und eine Sekundärfarbe mischt. Beispiel: Mischt man Orange (Sekundärfarbe) mit Rot (Primärfarbe), entsteht ein sattes Rotorange.

Komplementärfarben: Dies ist eines der wichtigsten und am häufigsten verwendeten Konzepte in der Farbenlehre. Komplementärfarben stehen sich im Farbkreis gegenüber. Man braucht also nur gerade Linien durch den Farbkreis zu ziehen, um die Komplementärfarbenpaare zu ermitteln. Komplementärfarben sehen zusammen immer gut aus.

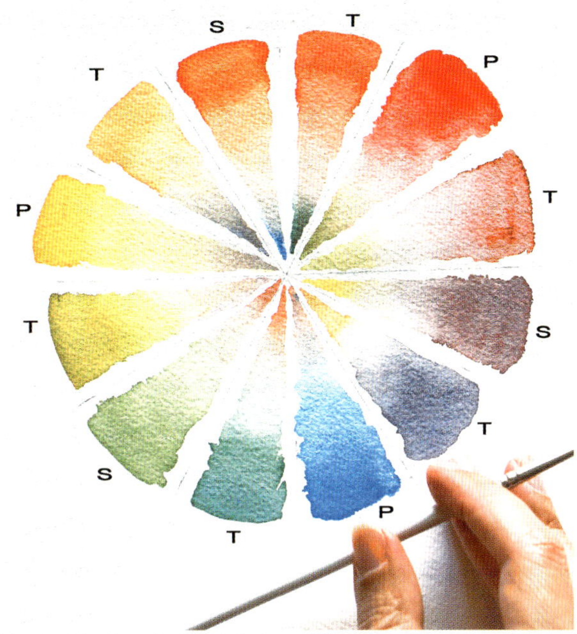

Ein Farbkreis mit Primärfarben (P), Sekundärfarben (S) und Tertiärfarben (T)

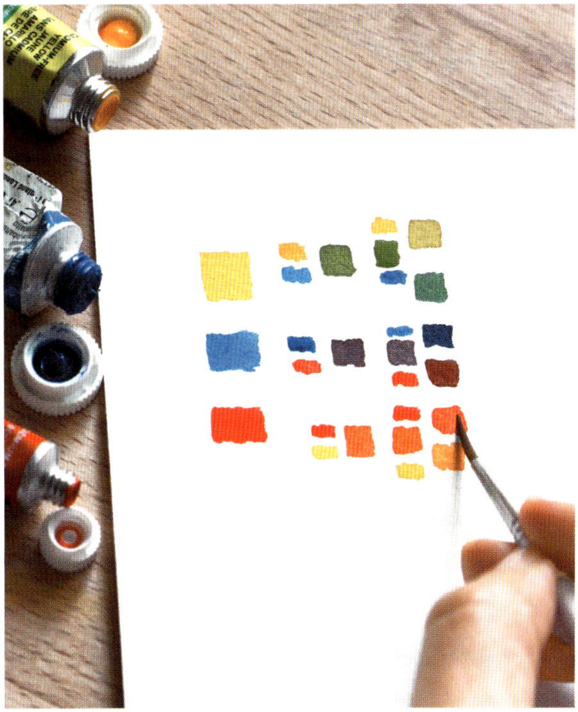

Farben mischen

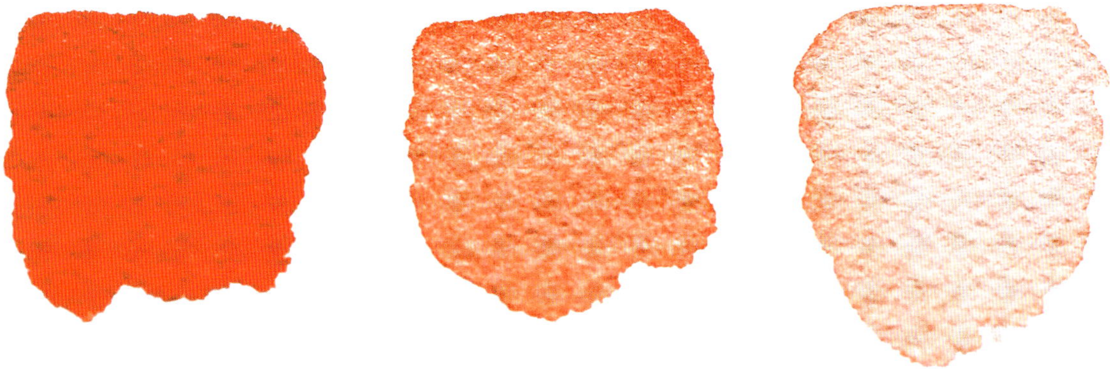

Tonwerte

Tonwert: Dies ist die relative Helligkeit oder Dunkelheit einer Farbe. In der Aquarellmalerei legen wir den Tonwert durch den Grad der Verdünnung fest. Bei den Projekten in diesem Buch kommen hauptsächlich drei Tonwerte vor: dunkel, mittel und hell. Die in diesem Buch verwendeten Verdünnungsverhältnisse sind wie folgt:

- Dunkler Tonwert: Verhältnis 1:1. Ein Tupfer unverdünnte Farbe und ein Tupfer klares Wasser aus dem Pinsel.
- Mittlerer Tonwert: Verhältnis 1:3. Ein Tupfer unverdünnte Farbe und drei Tupfer klares Wasser aus dem Pinsel.
- Heller Tonwert: Verhältnis 1:6. Ein Tupfer unverdünnte Farbe und sechs (oder mehr) Tupfer klares Wasser aus dem Pinsel.

Wichtig ist, die Verdünnungen für jede Farbe separat auszuprobieren, weil manche Pigmente intensiver sind als andere. Indigo ist beispielsweise hochpigmentiert, sodass die angegebenen Verhältnisse passen sollten, aber für ein blasses Kadmiumgelb braucht man jeweils weniger Wasser.

Monochrom: Bilder, die mit nur einer Farbe in verschiedenen Verdünnungen gemalt werden.

Farbtemperatur: Hier geht es eher um Farbpsychologie oder darum, wie bestimmte Farben auf uns wirken. Wahrscheinlich gibt es dafür aber auch eine wissenschaftliche Erklärung.

- Warme Farben: Rot, Gelb, Orange und ihre Zwischentöne nehmen eine Seite des Farbkreises ein. Sie wirken lebendig, warm und heiter und erinnern an Sommer, Sonnenschein oder Feuer.
- Kühl: Blau, Grün, Violett und ihre Zwischentöne nehmen die andere Seite des Farbkreises ein. Sie wirken ruhig, geheimnisvoll und entspannend. Sie erinnern an das Wasser des Ozeans, grüne Wiesen oder düstere Landschaften.

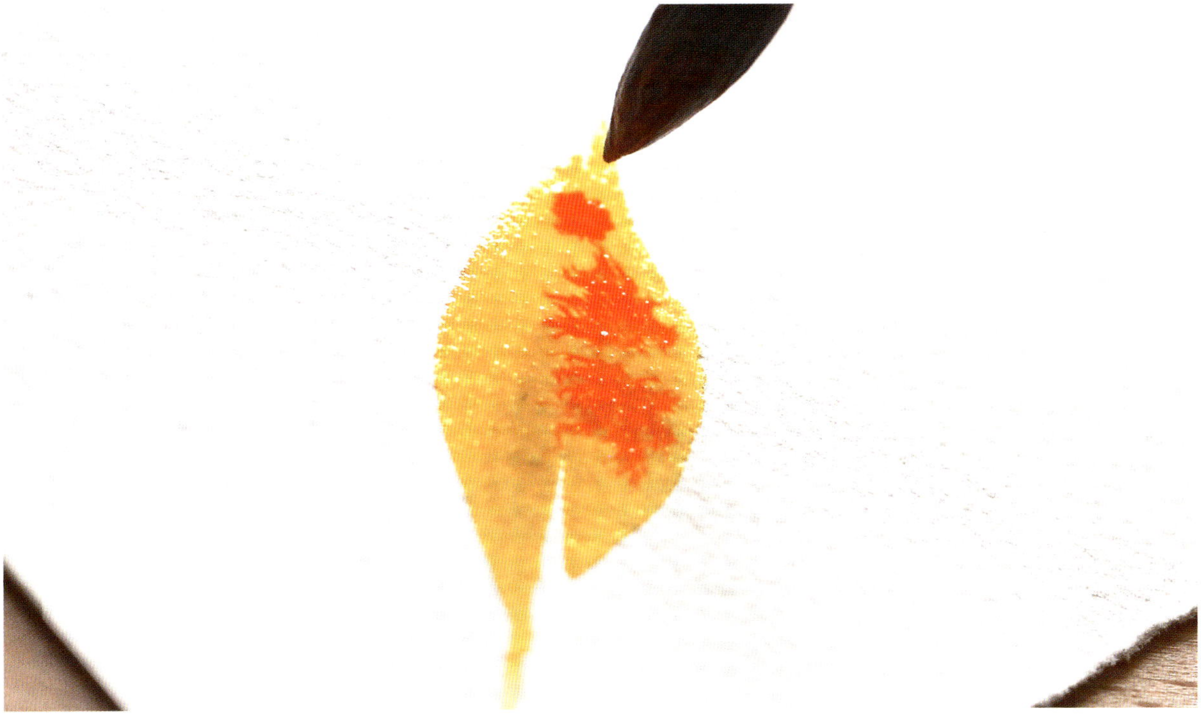

Nass in nass

Grundtechniken

Diese Techniken solltest du üben, um ausdrucksstarke Bilder zu malen.

Nass in nass: Dies ist die grundlegende Technik der Aquarellmalerei – und meine Lieblingstechnik. Gemalt wird auf nassem Untergrund. Entweder feuchtest du dein Papier mit klarem Wasser an, oder du malst auf einer Farbfläche, die noch nicht getrocknet ist. Dadurch entstehen auf dem Papier fantastische Farbverläufe und -effekte. Wichtig ist, dass man sich die Zeit nimmt, die Farben mit gleichmäßigen, ruhigen und weichen Bewegungen in den gemalten Formen zu mischen.

Nass auf trocken: Diese Technik verwende ich für Details oder Bildebenen. Man muss dann warten, bis die vorherige Farbe ganz trocken ist, bevor man auf ihr malt.

Nass auf trocken

Ausblühungen: Diese Technik ist etwas unberechenbar, denn man lässt die Farbe einfach laufen, wohin sie will. Herrlich! Dafür gibt man einen Tropfen Wasser oder Farbe auf nassen Untergrund und lässt ihn trocknen. Nicht verwischen, nicht berühren, einfach zuschauen, was der Tropfen von allein bewirkt.

Auswaschen: Eine gute Technik für Lichtquellen und Lichtreflexe. Ein sauberer, nur leicht feuchter Pinsel wird über die noch nasse Farbe gezogen. Er saugt einen Teil der Farbe auf und erzeugt so eine hellere Stelle.

Transparenz: Hier geht es um den Auftrag durchscheinender Farbschichten. Die erste Schicht des Motivs wird mit einem sehr hellen Tonwert (mit sehr viel Wasser verdünnt) gemalt. Vollständig trocknen lassen, dann mit demselben Tonwert wiederholen. Diese Technik setze ich gern ein, wenn ich etwas sehr Helles, Luftiges oder Weiches malen möchte.

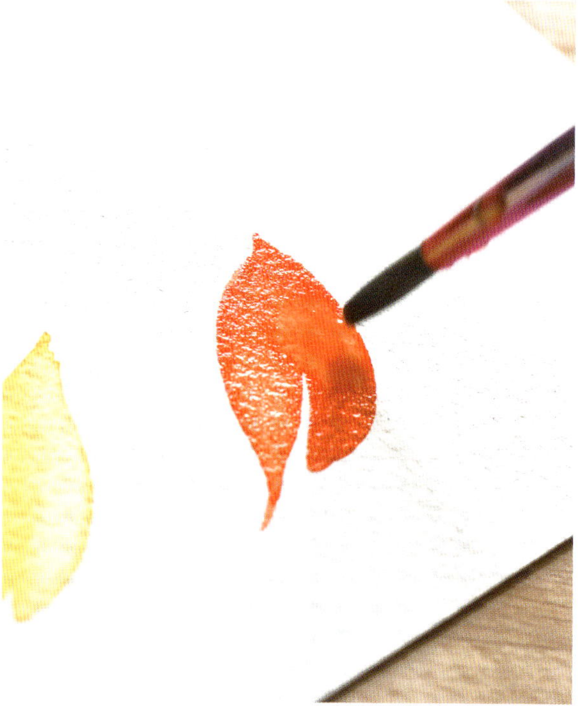

Ausblühungen

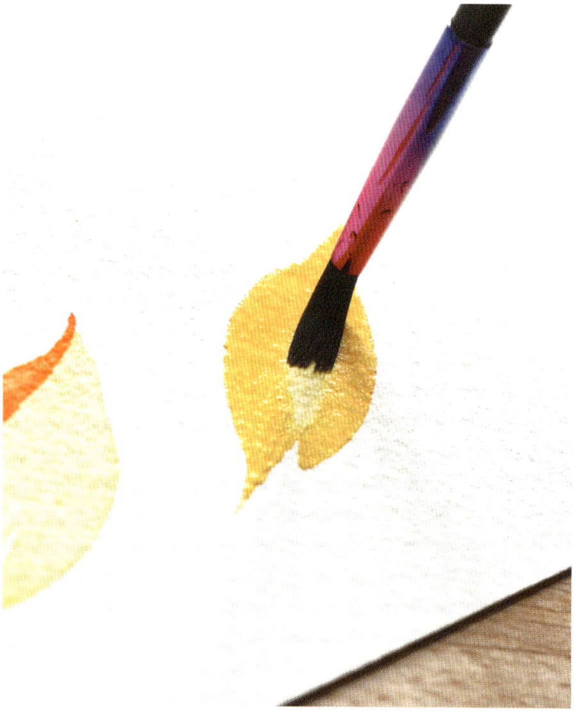

Auswaschen

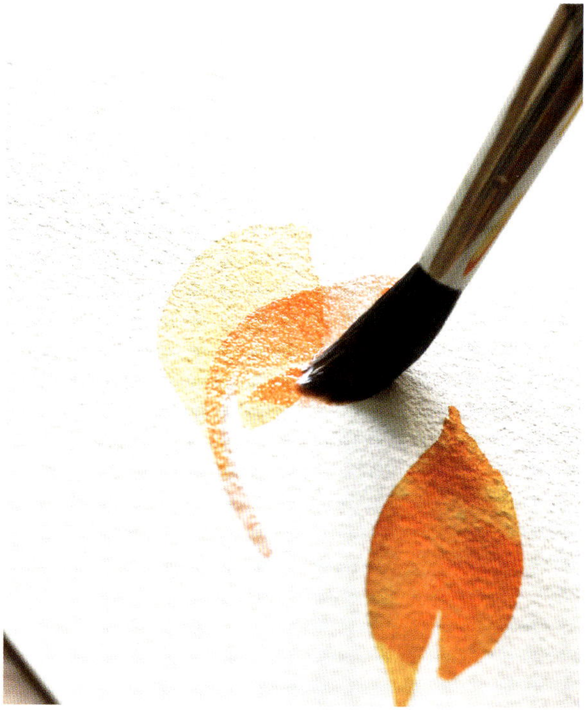

Transparenz

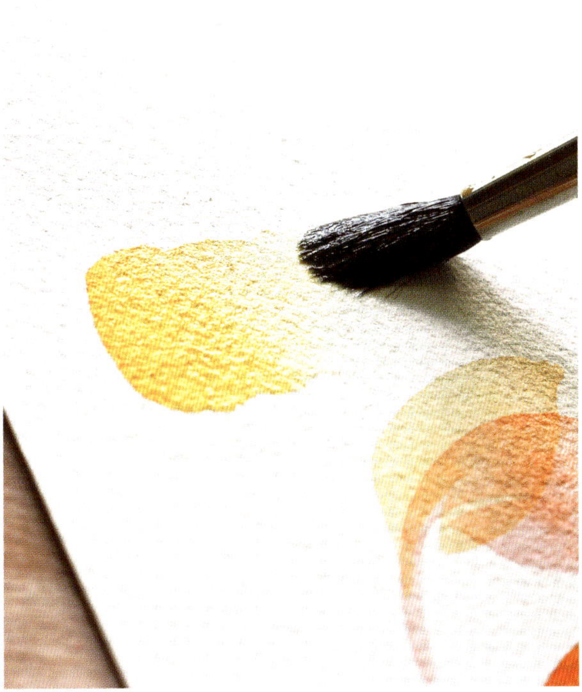

Farbverlauf

Farbübergang

Farbverlauf: Hier geht es um den fließenden, nahtlosen und gleichmäßigen Verlauf von einem dunkeln Tonwert zu einem helleren. Dabei ist es wichtig, nicht zu viel Wasser zu verwenden. Stattdessen wird das Pigment mit gerade so viel Wasser verdünnt, wie nötig, und mit sanften Bewegungen des Pinsels in den weißen Bereich verteilt.

Farbübergang: Hier geht es um den nahtlosen, fließenden Wechsel von einer Farbe zur anderen. Am besten ist es, zuerst mit der einen Farbe einen Verlauf vom dunkelsten Tonwert bis zum Bereich der (späteren) Überschneidung zu malen und dann dasselbe aus der anderen Richtung mit der zweiten Farbe zu wiederholen.

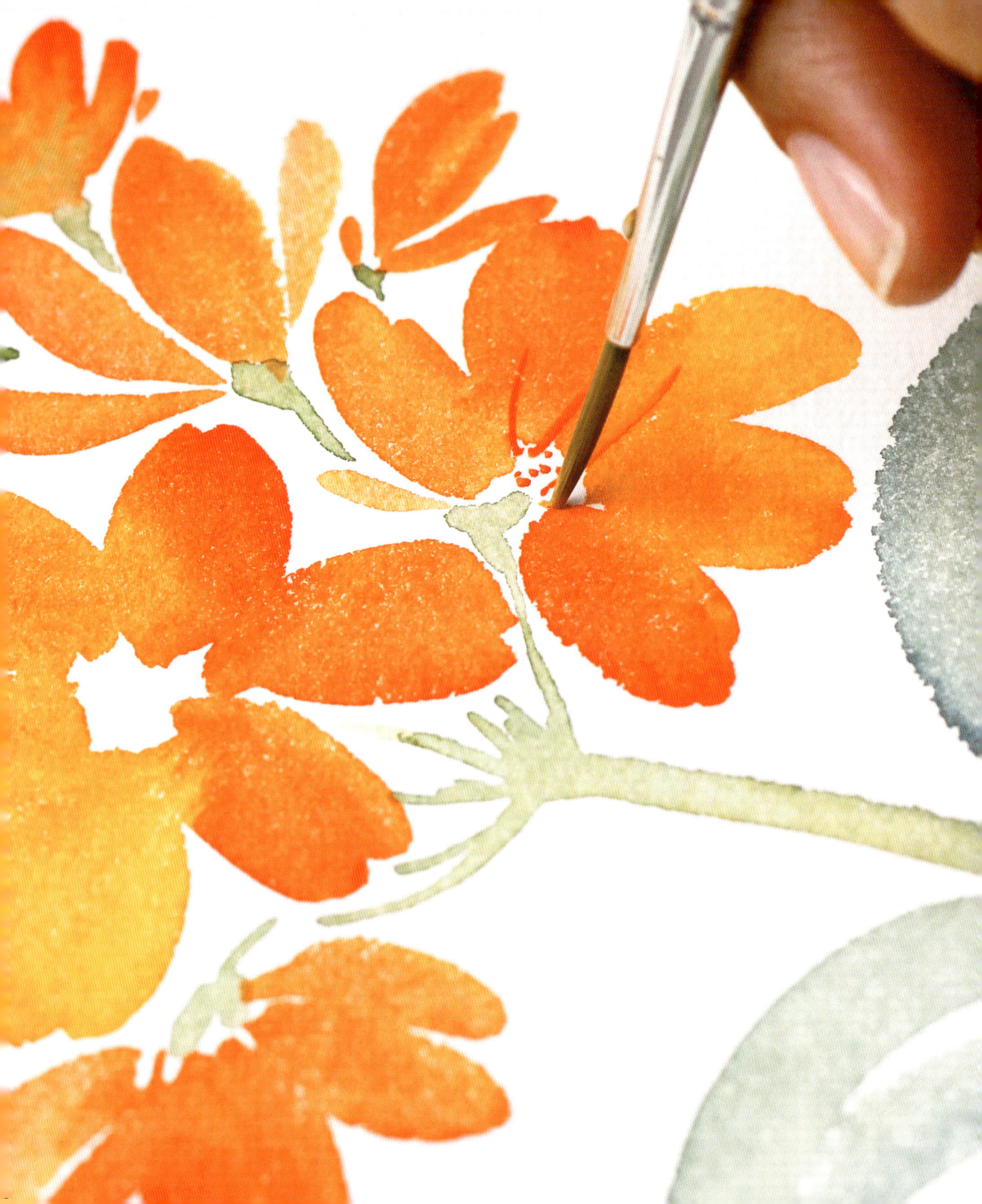

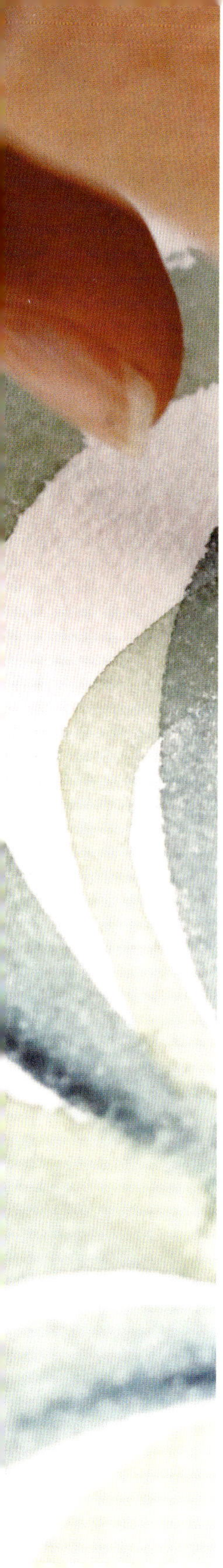

Zarte Pflanzen

Ich möchte den praktischen Teil mit Pflanzen beginnen, weil sie von Natur aus eine zarte, weiche Ausstrahlung haben und meist auch ebensolche Konturen. Wir starten mit einfachen Übungen, die wichtig sind, um das Muskelgedächtnis zu trainieren und Selbstvertrauen zu gewinnen. Beides ist wichtig, um entspannt und mit Freude an die Arbeit zu gehen.

Ich selbst habe auch mit botanischen Motiven begonnen, die Aquarellmalerei zu erlernen. Dabei habe ich festgestellt, dass der weiche Fluss der Farbe ein sehr beruhigendes Gefühl erzeugt, das mich auf das Hier und Jetzt einstimmt und mir einen achtsamen Umgang mit den Herausforderungen des Alltags ermöglicht.

Mit dem allerersten Projekt in diesem Buch habe ich vor ein paar Jahren begonnen. Bis heute ist es meine Lieblingsübung, wenn ich nur fünf Minuten Zeit habe und trotzdem etwas Schönes schaffen und einen kleinen Fußabdruck auf meinem künstlerischen Weg hinterlassen möchte.

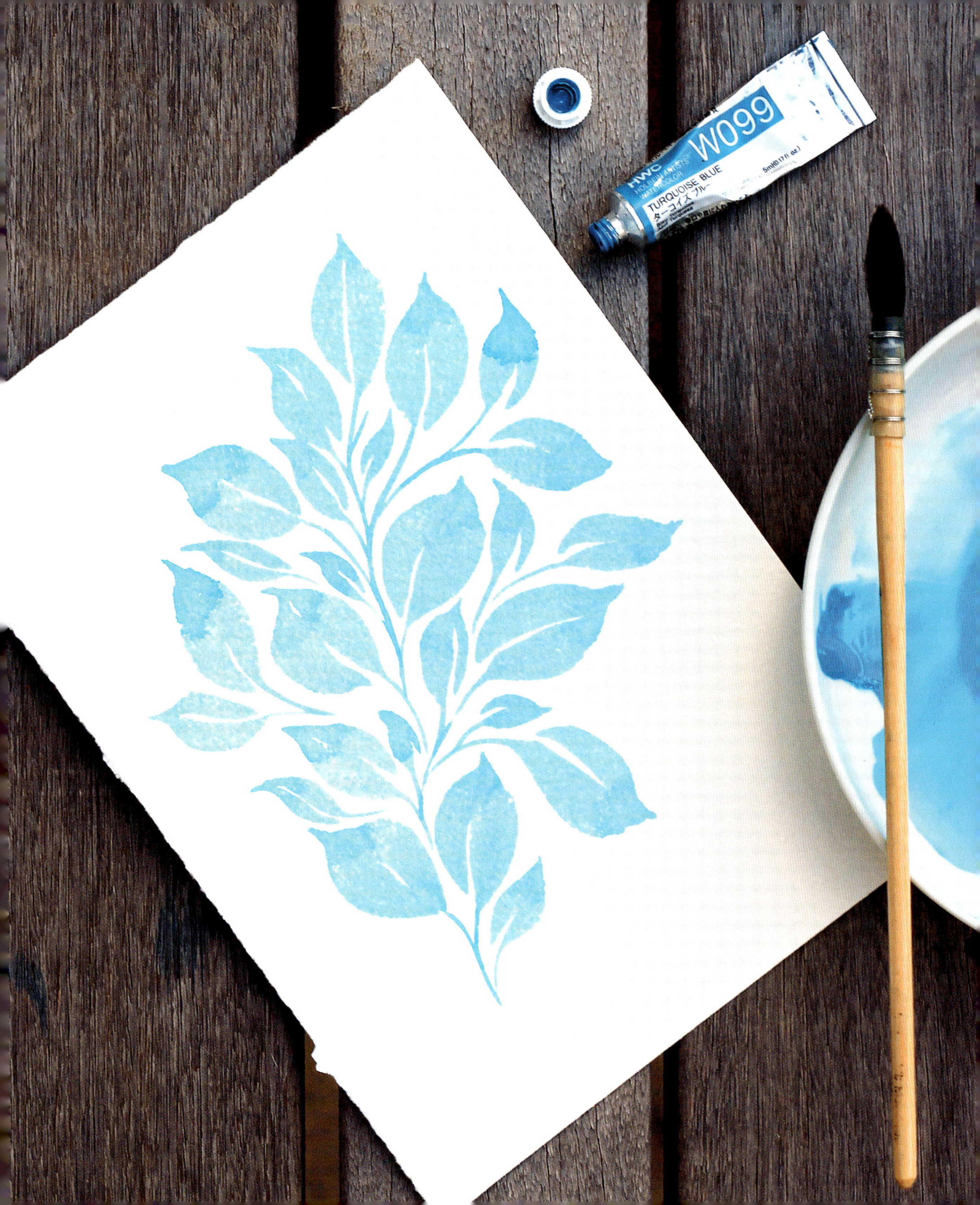
HWC
W099
TURQUOISE BLUE
ターコイズブルー

Blätter im Wind

Diese Übung mache ich immer dann, wenn ich mit größeren Projekten nicht weiterkomme, wenn ich frustriert bin oder wenn mich das Gefühl übermannt, ich könne gar nicht malen. Mit jedem weichen Pinselstrich wird mein Geist dann klarer und ich fühle mich entspannter. Mit jedem Pinselstrich atme ich tief ein und aus. Belastende Gedanken und Gefühle lösen sich auf, und ich bin wieder ganz bei mir.

Man kann sich so sehr in der sanften Bewegung des Pinsels verlieren, dass es sich fast anfühlt, als würde er von alleine tanzen oder sich wiegen. Für diese Übung empfehle ich eine Farbe aus dem Bereich der kühlen Töne – vielleicht Indigo, Violett oder Türkis –, das fördert eine ruhigere und entspanntere Stimmung.

Material

- Deine Lieblingsfarbe (meine ist ein sanftes Türkis)
- Weicher Rundpinsel Nr. 4 oder Nr. 6

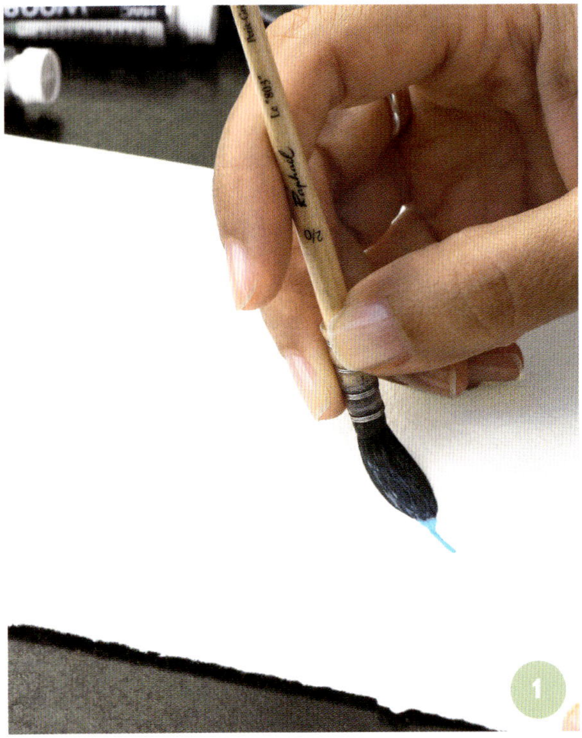

SCHRITT 1: Ich beginne (als Rechtshänderin) gern in der linken unteren Ecke des Blattes und arbeite mich in einer geschwungenen Linie zur rechten oberen Ecke vor. Das verleiht der Komposition Energie.

Male ein Blatt nach dem anderen und lass dich dahin führen, wo die Blätter hinwollen.

Feuchte deinen weichen, sauberen Pinsel Nr. 4 oder Nr. 6 mit sauberem Wasser an und nimm dann die Farbe deiner Wahl auf. Die Farbe fühlt sich weich an, wenn man sie verdünnt. Achte darauf, dass alle Pinselhaare feucht sind und etwas Farbe aufnehmen. Stiel und Fläche des Blatts entstehen aus einem einzigen Pinselstrich. Mit der Spitze des Pinsels wird zunächst der kurze Stiel gemalt, aus dem das erste Blatt wächst. Um das Blatt zu formen, wird der Pinsel angedrückt, vorsichtig über das Papier bewegt und an der Spitze des Blattes mit einer fließenden Bewegung angehoben. Ich konzentriere mich dabei auch auf meinen Atem und passe ihn an die Bewegung meiner Pinselstriche an. Beim Blattstiel atme ich ein, beim sanften Ziehen des Pinsels wieder aus.

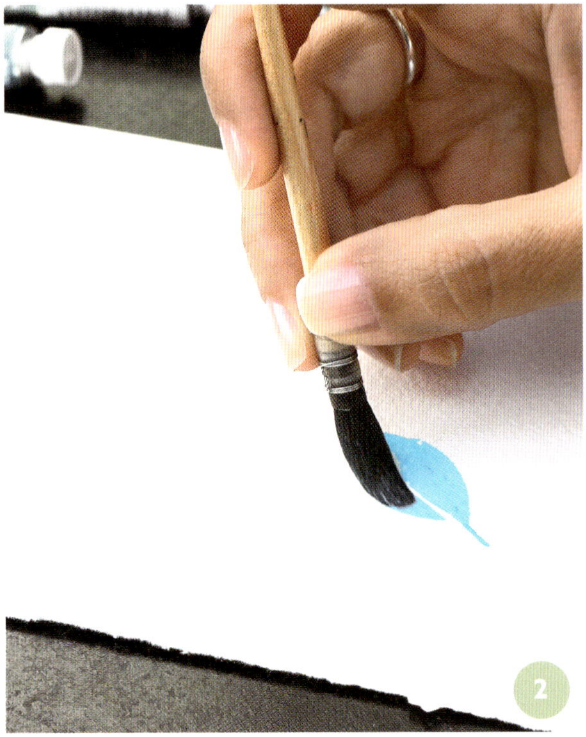

SCHRITT 2: Wiederhole Schritt 1 für die zweite Hälfte des Blatts. Dabei ist es wichtig, dass zwischen dem ersten und dem zweiten Pinselstrich in der Mitte des Blattes eine schmale Lücke bleibt. Dieses natürlich wirkende Highlight deutet die Mittelrippe des Blatts an.

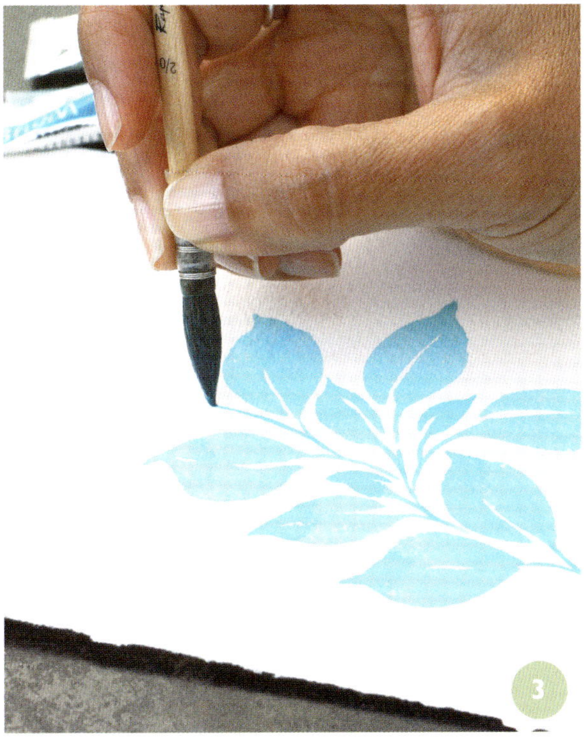

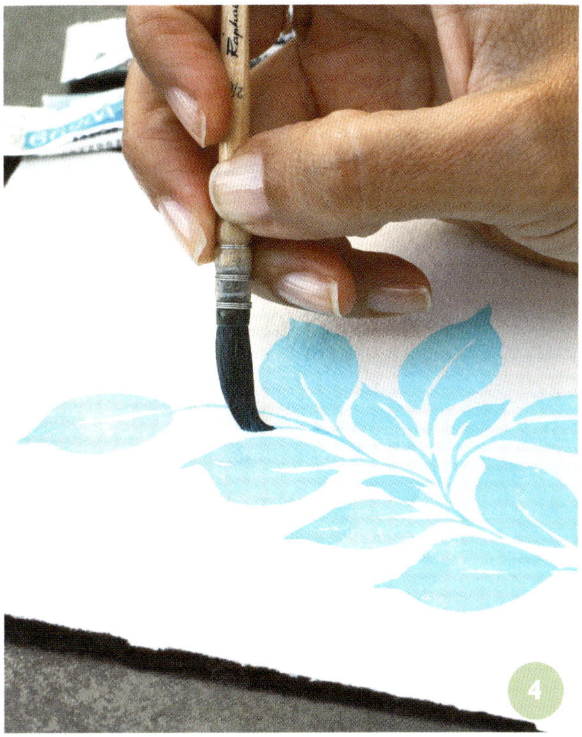

SCHRITT 3: Um die Komposition fortzuführen, werden einfach die Schritte 1 und 2 so oft wiederholt, wie es das Papierformat zulässt.

Denke beim Malen der weiteren Blätter daran, das jeder Stiel von einem anderen abzweigt. Versuche, alle Blätter und Stiele miteinander zu verbinden.

SCHRITT 4: Zuletzt kannst du kleinere Blätter einfügen. Male dabei hauptsächlich mit der Pinselspitze und hebe sie an der Blattspitze immer mit einer fließenden Bewegung vom Papier ab.

Tipp: Halte den Pinsel so, als ob er sehr zerbrechlich wäre. Dann kannst du die Bewegungen besser fließen lassen. Ich halte meinen Pinsel mit so wenig Kraft, dass er mir schon mehrmals auf das Bild gefallen ist. Das macht aber nichts: Spritzer und Kleckse können zu einem Element des Bilds werden.

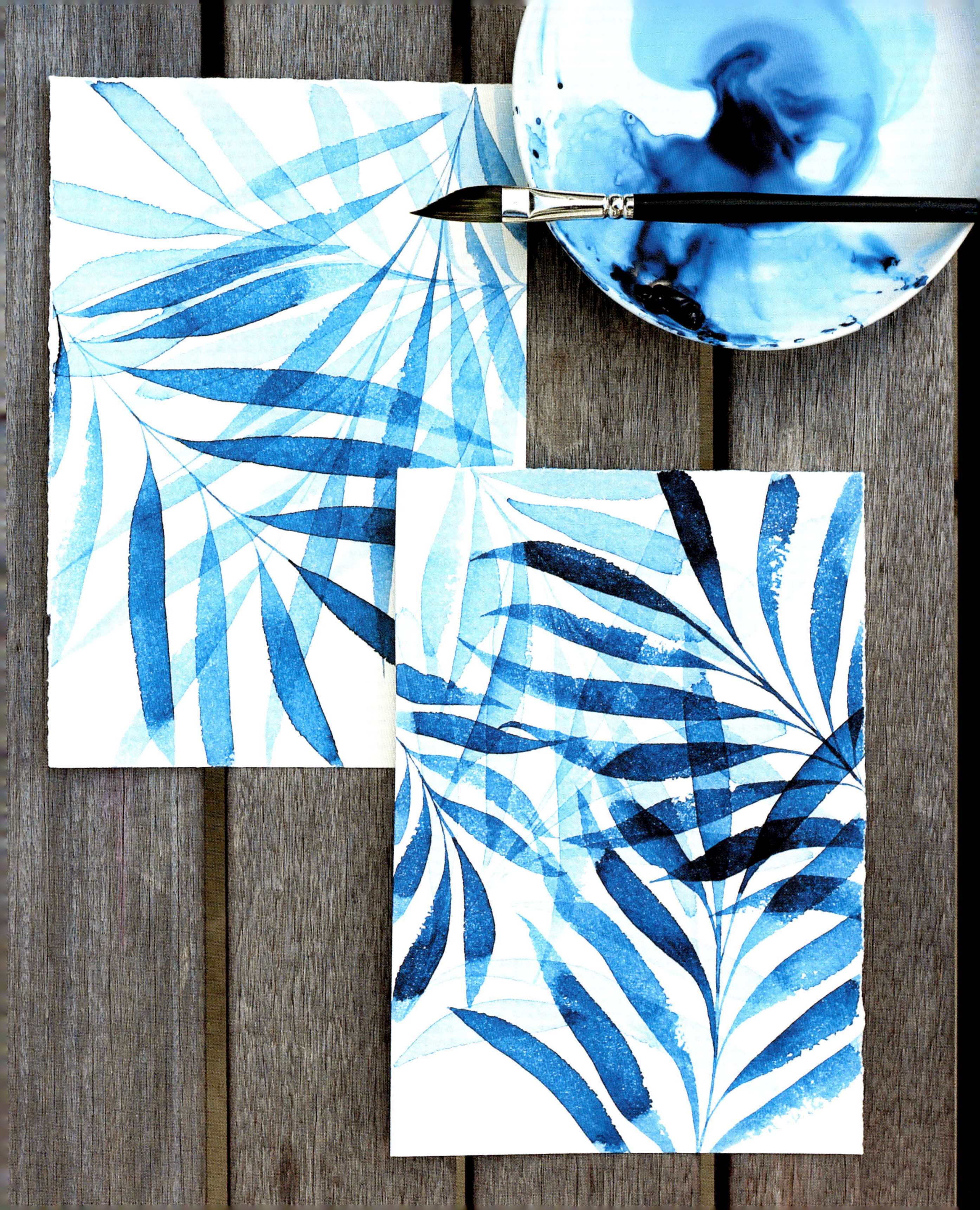

Transparente Blätter

Das Wunderbare an Aquarellfarben ist, dass man sie mehrmals übermalen kann. Um diese Schichttechnik geht es im folgenden Projekt, einem Muster aus Blättern. Wie beim vorigen Projekt bewegt sich der Pinsel beim Malen der weichen, zarten Palmwedel sanft über das Papier.

Weil die Pinselstriche länger sind, atme ich auch länger aus. Das hilft meiner Hand, ruhiger zu werden. Vergiss das Atmen aber nicht völlig! Ich kann mich gut erinnern, dass ich anfangs manchmal vor Anspannung den Atem angehalten habe. Das ist kontraproduktiv. Versuche lieber, den richtigen Atemfluss für deine Pinselstriche zu finden.

Material

- Indigo
- Dachshaarpinsel Nr. 8

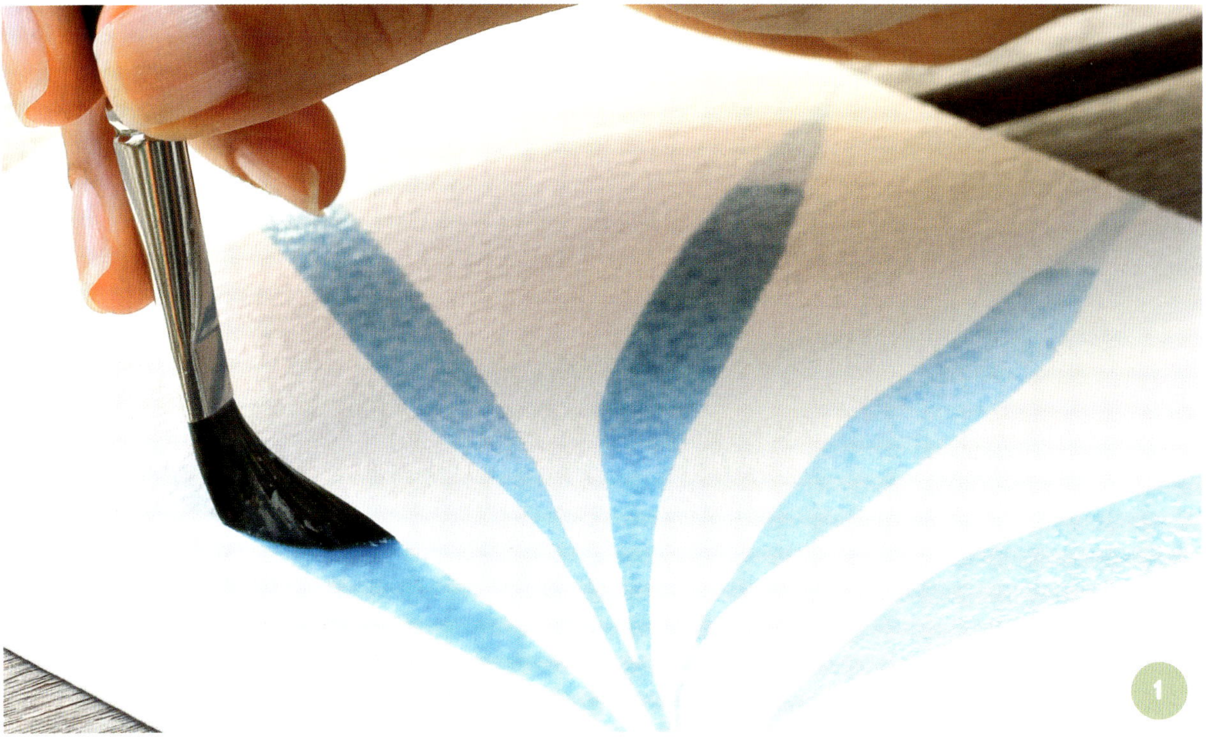

SCHRITT 1: In diesem Projekt üben wir die Nass-auf-Trocken-Malerei und die achtsame Pinselführung. Gemalt wird mit nur einer Farbe, aber in verschiedenen Tonwerten. Die erste Schicht besteht aus einem stark verdünnten Indigo, also einem weichen, zarten Blau. Für die zweite Schicht ist die Pigmentkonzentration etwas stärker, und für die dritte Schicht ist sie am stärksten. Natürlich musst du dich nicht auf drei Schichten beschränken. Denke aber immer daran, von hell nach dunkel zu arbeiten.

Wie gelingt das richtige Verdünnungsverhältnis? Indem du immer mit dem hellsten Tonwert beginnst.

Eine kleine Menge Farbe mit dem Pinsel Nr. 8 aufnehmen und auf einen kleinen Teller (z. B. eine Untertasse) tupfen, dann etwa fünf Tupfer Wasser zur Farbe geben und gut vermischen. Dies ist der hellste Tonwert. Für dunklere Tonwerte gibst du allmählich mehr Farbe dazu, aber kein weiteres Wasser. Mehr zu diesem Thema findest du im Abschnitt über Tonwerte auf Seite 12.

Nun ein sauberes, trockenes Blatt Aquarellpapier zur Hand nehmen und mit dem Pinsel die erste Schicht mit dem hellsten Tonwert malen. Rechtshänder beginnen in der linken unteren Ecke, Linkshänder in der rechten unteren Ecke. Mit der Pinselspitze den Stiel malen, dann kontrolliert lange, breitere Striche ziehen, die immer vom Stiel nach außen abzweigen. Wiederhole diesen Schritt vier- oder fünfmal. Alle Blätter weisen vom Stiel nach außen.

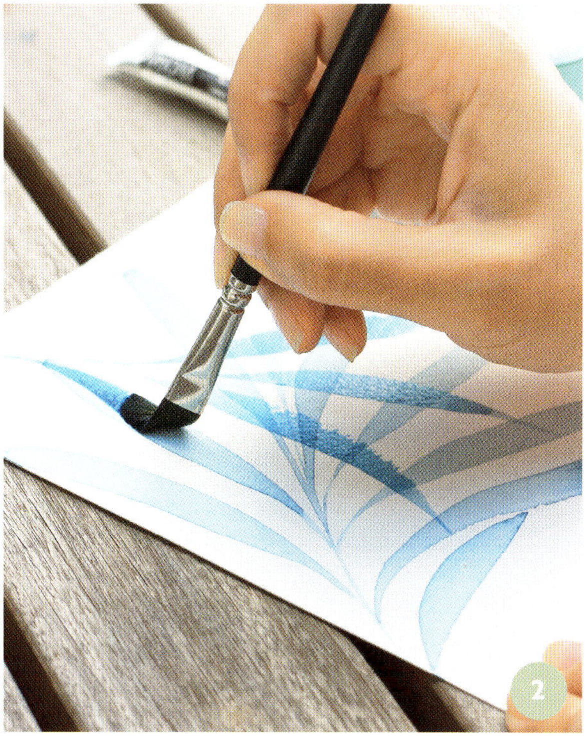

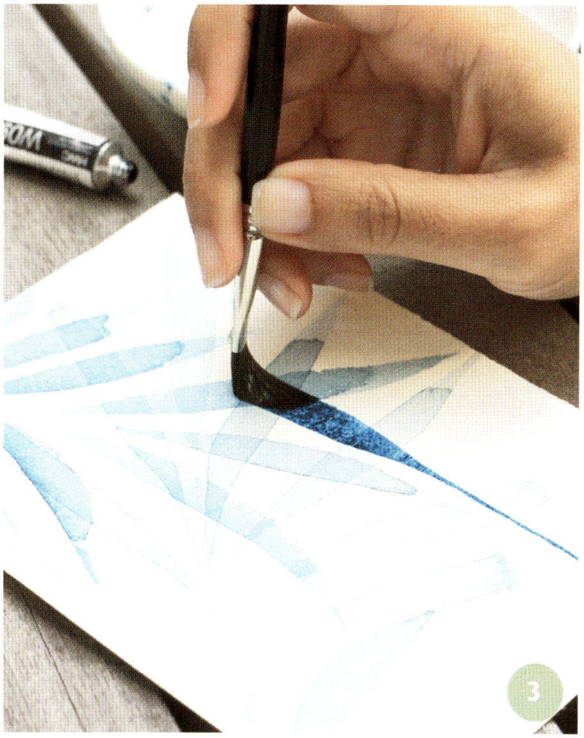

SCHRITT 2: Sobald die erste Schicht vollständig getrocknet ist, kann die zweite folgen. Mit dem Pinsel den mittleren Blauton aufnehmen und wie in Schritt 1 zuerst den Stiel und dann die Blätter malen. Du wist spüren, wie beruhigend diese langen, gleichmäßigen Pinselstriche sind. Ich beginne die zweite Schicht gern an einer nebenliegenden Ecke des Papiers, damit sich die Blätter kreuzen. Dadurch gewinnt das Bild an Dynamik.

Tipp: Je weiter die langen Blätter über den Papierrand hinauswachsen, desto interessanter sieht die Komposition aus. Du darfst also gern über den Rand malen.

SCHRITT 3: Für die dritte und letzte Ebene wird der dunkelste Tonwert angerührt und aufgetragen. Dabei sollten Leerstellen im Bild mit den langen Pinselstrichen gefüllt werden.

Ich hoffe sehr, dass sich die Ruhe der langen, weichen Pinselstriche auf dich überträgt. Je länger die Blätter, desto tiefer werden deine Atemzüge und desto entspannter wirst du dich fühlen.

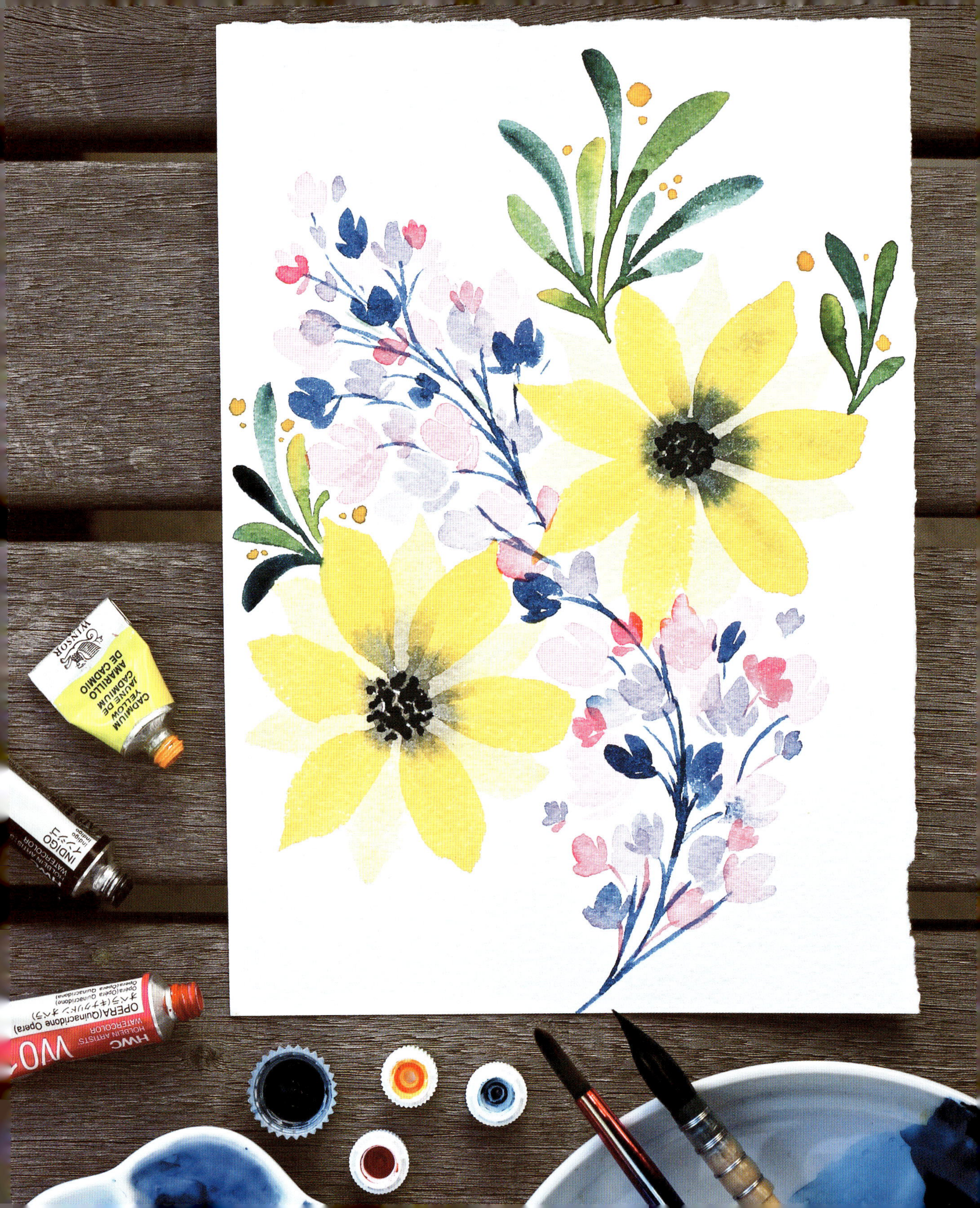
WINSOR
CADMIUM YELLOW
JAUNE DE CADMIUM
AMARILLO DE CADMIO
INDIGO
HOLBEIN ARTISTS' WATERCOLOR
OPERA (Quinacridone Opera)

Bunte Wildblumen

Mit diesem Motiv wagen wir uns in die Welt der mehrfarbigen Kompositionen vor. Wir malen eine Schwarzäugige Susanne, eine Lupine und verschiedene grüne Blätter.

Bei den meisten meiner Bilder stelle ich mir vor, dass ich mich an einem Ort befinde, an dem das Motiv natürlicherweise ist – oder einem Ort, an dem ich einfach gern wäre. Ich habe zum Beispiel fast zehn Jahre in Los Angeles gelebt und mir nie die Zeit genommen, die Wildblumen im Death Valley anzusehen, oder in den Norden zu fahren, um die wilden blauen Lupinen bei San Francisco zu sehen. Deshalb stelle ich mir beim Malen vor, dass ich dort bin und dem Rauschen des Windes lausche, der mir den wunderbaren Duft all der Wildblumen heranträgt.

Übe zuerst jede Blumenart einzeln. Sobald du den Dreh heraus hast, kannst du ein eigenes Blumenarrangement zusammenstellen.

Material

- Braun (eine Mischung aus Indigo und Orange ergibt ein dunkles Braun)
- Kadmiumgelb
- Kobaltviolett
- Indigo
- Weicher Rundpinsel Nr. 1
- Weicher Rundpinsel Nr. 4
- Weicher Katzenzungenpinsel Nr. 4
- Synthetik-Rundpinsel Nr. 2

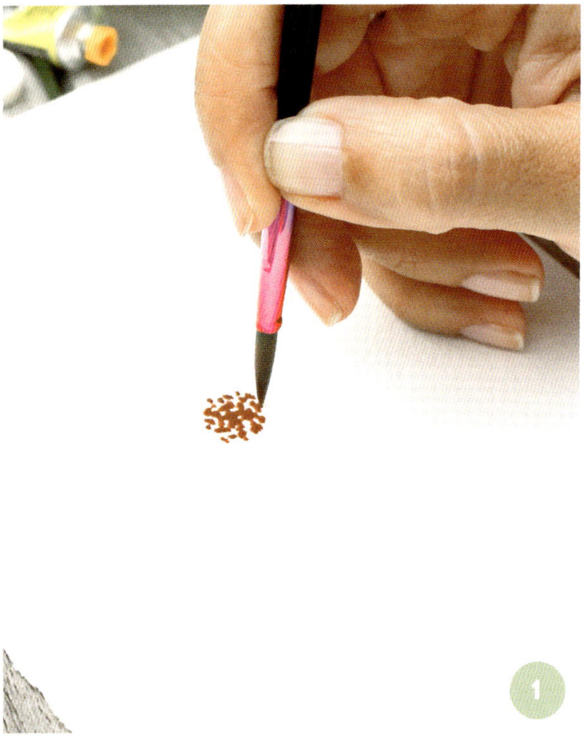

1

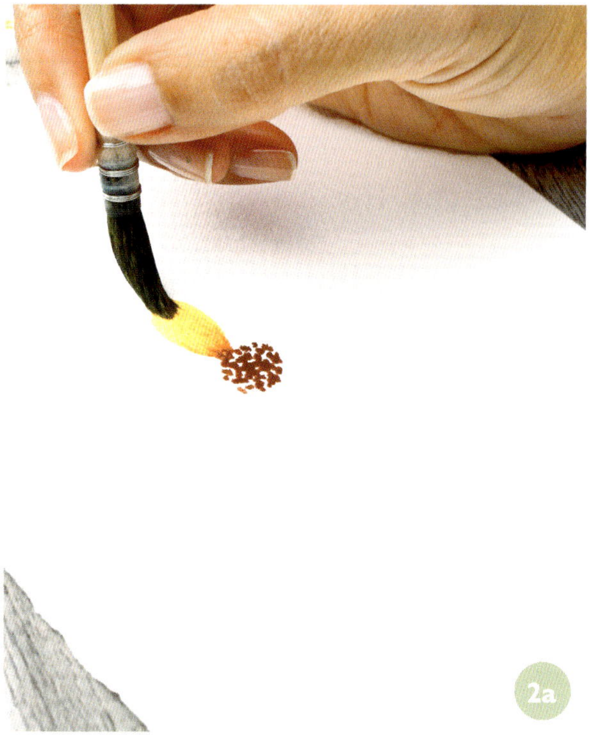

2a

Schwarzäugige Susanne

Nachdem du nun schon die weichen Pinselstriche für Blätter beherrschst, wirst du mit diesen Blüten keine Schwierigkeiten mehr haben.

SCHRITT 1: Ein sauberes, trockenes Blatt Aquarellpapier zur Hand nehmen und tief durchatmen. Entspanne dich und stelle dir deine weichen Pinselstriche auf dem strukturierten Papier vor. Wenn du bereit bist, nimm mit dem Rundpinsel Nr. 1 dunkles Braun auf (du kannst es aus Indigo und Orange im Verhältnis 1:1 mischen) und beginne, die Mitte der Blüte mit winzigen, sanften Punkten zu malen.

SCHRITT 2: Nachdem die Mitte fertig ist, folgen die ersten Blütenblätter. Bevor die braune Mitte trocknet, mit dem Pinsel Nr. 4 ein mittleres Kadmiumgelb aufnehmen und das erste Blütenblatt malen. Dabei in der Mitte beginnen, aber das braune Zentrum der Blüte nur minimal berühren. Den Pinsel sanft nach außen ziehen, dabei den Druck verstärken, und an der Spitze des Blütenblatts mit einer fließenden Bewegung wieder vom Papier abheben. Es soll dabei etwas Braun aus der Mitte der Blüte in das Blütenblatt verlaufen. Überstürze diesen Schritt jedoch nicht. Du musst nur so zügig arbeiten, dass das Braun in der Mitte nicht komplett trocknet, bevor du mit dem Blütenblatt beginnst. Arbeite radial um die Blütenmitte herum und lass zwischen den einzelnen Blütenblättern großzügige Lücken für den nächsten Blütenblätterkranz.

SCHRITT 3: Wenn die erste Schicht trocken ist, die vorherigen Schritte wiederholen. Dabei werden die Lücken gefüllt, die Blütenblätter aber auch teilweise übermalt. Dadurch wird die Transparenz der Blütenblätter erkennbar, und die Blüte wirkt zart und leicht.

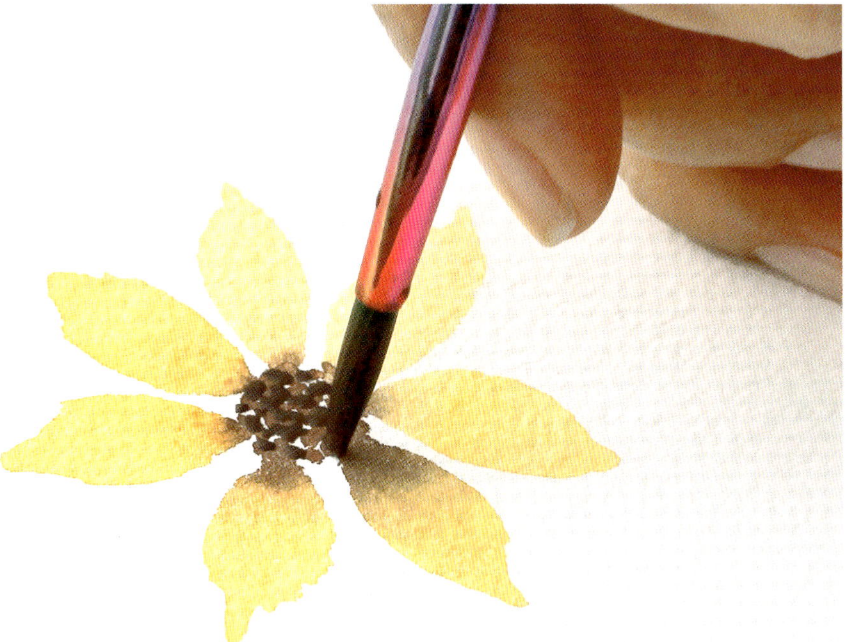

2b

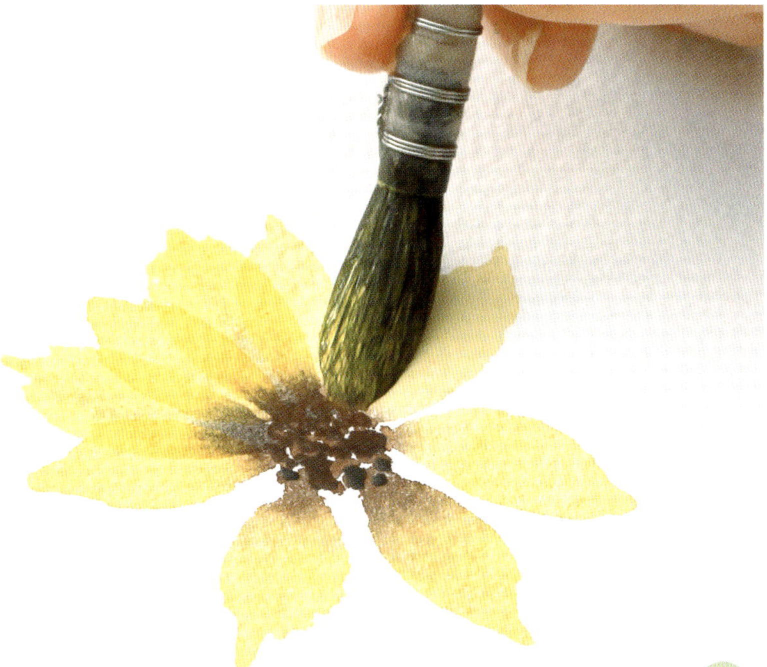

3

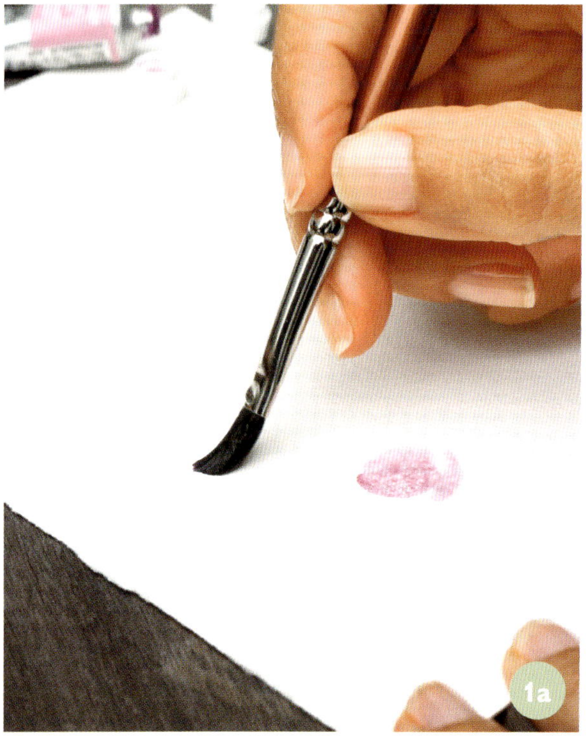

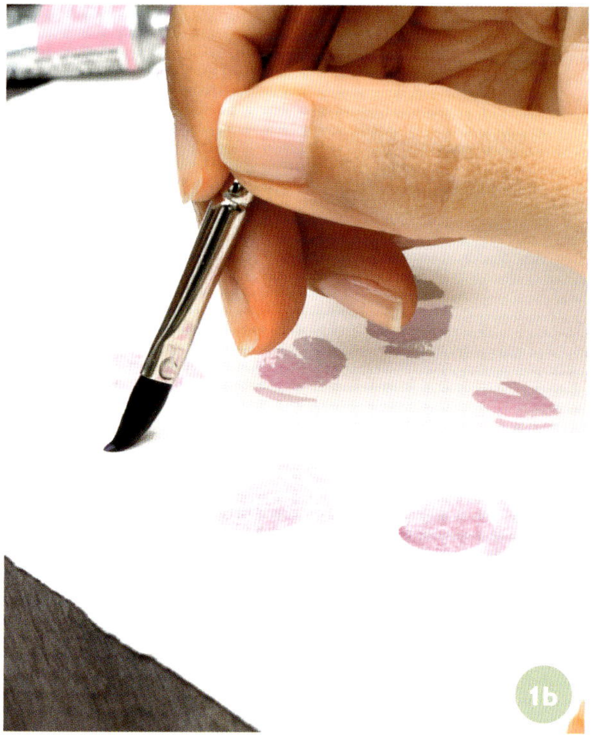

Lupine

Für die erste Schicht der Lupine den Katzenzungenpinsel Nr. 4 und Kobaltviolett in einem hellen Tonwert verwenden. Diese Blüte wird in vier Schichten gemalt, die zwischendurch trocknen müssen. Du musst dich also in Geduld üben. Es liegt in der Natur kurzer Pinselstriche, dass sie langsamer trocknen als lange.

SCHRITT 1: Mit den transparentesten, hellsten Blütenblättern beginnen. Das Kobaltviolett stark verdünnen und mit dem Katzenzungenpinsel aufnehmen. Die kleinen, runden Blütenblätter mit der flachen Seite des Pinsels malen – leicht schräg und in beliebiger, lockerer Anordnung. Manche sind größer, andere kleiner. Je mehr Variation, desto natürlicher wirkt es. Du kannst mit Bleistift eine geschwungene Linie zeichnen, um dir den Verlauf des Stiels in der Mitte besser vorstellen zu können.

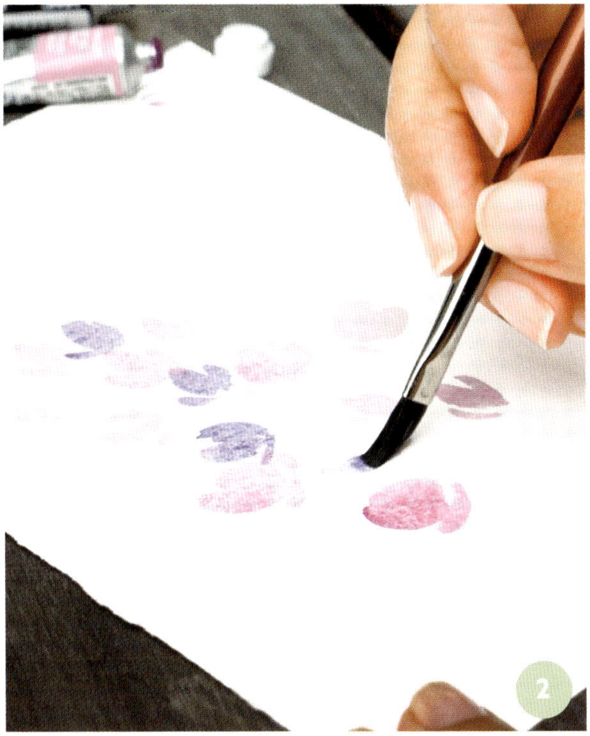

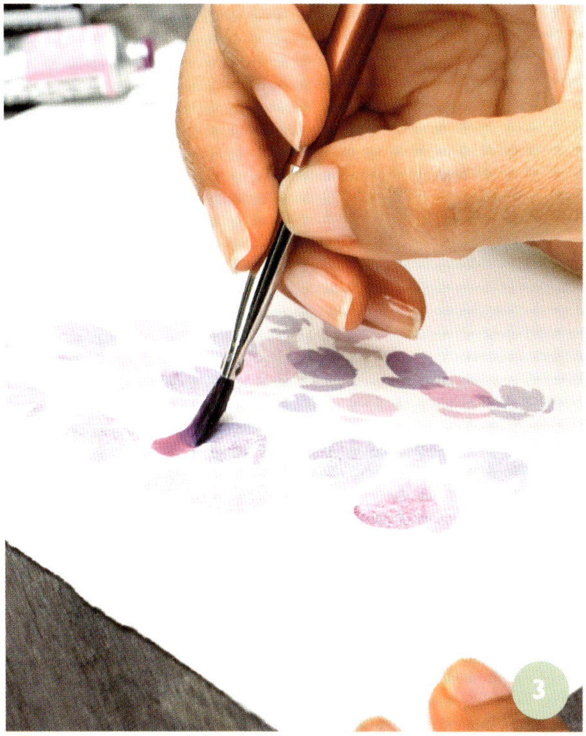

SCHRITT 2: Jetzt folgen dunklere Blütenblätter, die Tiefe, Bewegung und ein wenig Variation in der Farbe beisteuern. Das helle Violett mit etwas Indigo abdunkeln. Die neue Farbe wieder mit dem Katzenzungenpinsel aufnehmen und die zweite Schicht der Blütenblätter wie zuvor malen. Es darf zu teilweisen Überlappungen kommen.

SCHRITT 3: Für die dritte Schicht wird Kobaltviolett in einem dunklen Tonwert verwendet. Male Blütenblätter in alle Bereiche, die noch leer aussehen. Du kannst Formen und Größen variieren, um Knospen oder zur Seite gedrehte Blüten anzudeuten.

SCHRITT 4: Im vierten und letzten Schritt folgen der Hauptstiel und die kleinen Blütenstiele. Dafür einen mittleren Indigo-Farbton und den Rundpinsel Nr. 1 verwenden. Versuche, einen mittigen Stiel zu malen, aus dem die kleineren Stängel herauswachsen, aber mach dir nicht zu viele Gedanken darüber, ob das perfekt oder realistisch ist. Die Blume soll nicht botanisch korrekt aussehen, sondern wild und schön.

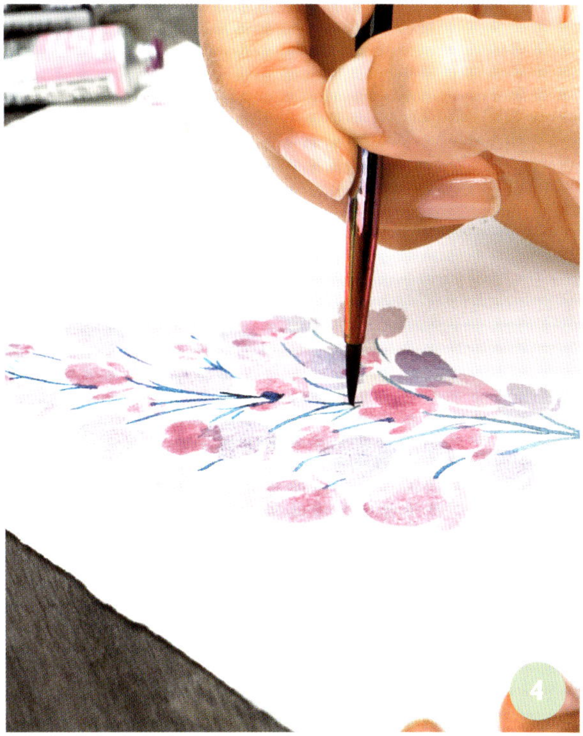

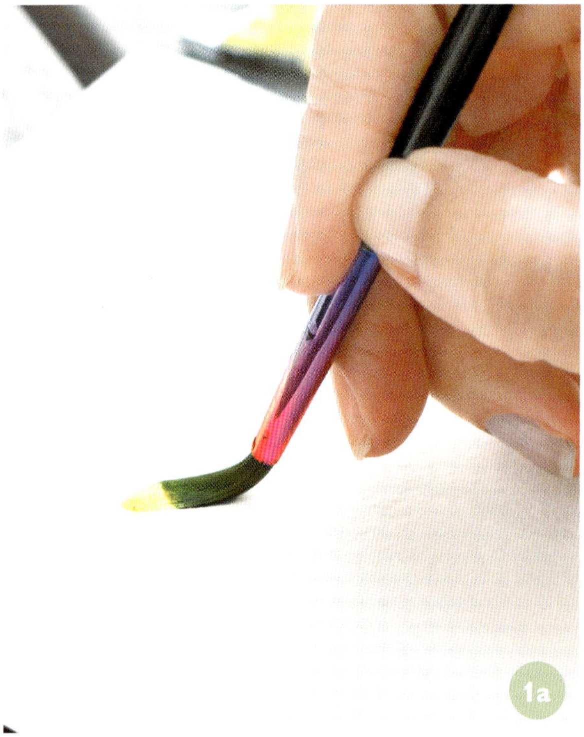

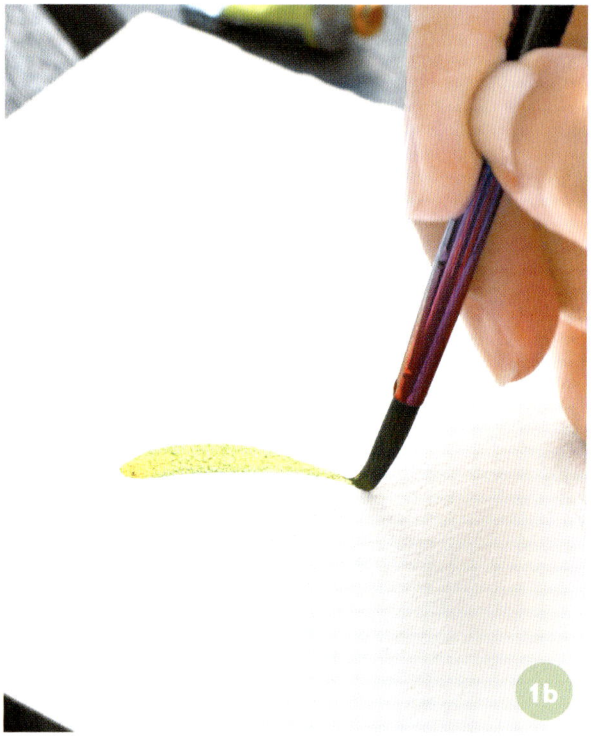

Blätter zum Füllen

Zuletzt werden Blätter hinzugefügt, um die Komposition zu füllen und lebendiger wirken zu lassen. Es sind einfach abstrakte Darstellungen von kleinen Blättern, die man in der Natur finden *könnte*.

SCHRITT 1: Mit dem Synthetik-Rundpinsel Nr. 2 ein dunkles Kadmiumgelb aufnehmen. Gleichzeitig ein mittleres Indigo bereithalten, um die Pinselspitze einzutauchen. Den Pinsel mit etwas Druck über das Papier ziehen. Für den Blattstiel den Druck verringern und den Pinsel mit einer weich fließenden Bewegung vom Papier abheben.

Tipp: Wenn du weitere Blätter von außen zum Hauptstiel hin malst, nimm mit der Pinselspitze etwas Indigo auf und beobachte, wie es sich mit dem Gelb mischt, während du den Pinsel über das Papier ziehst.

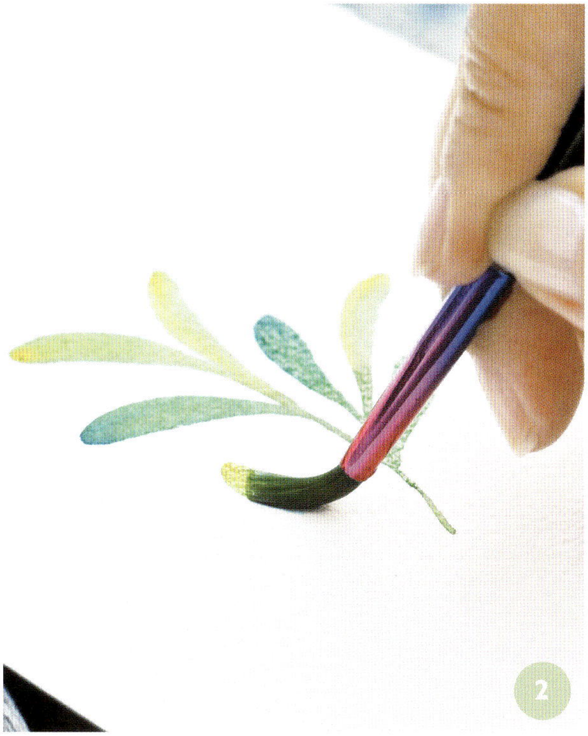

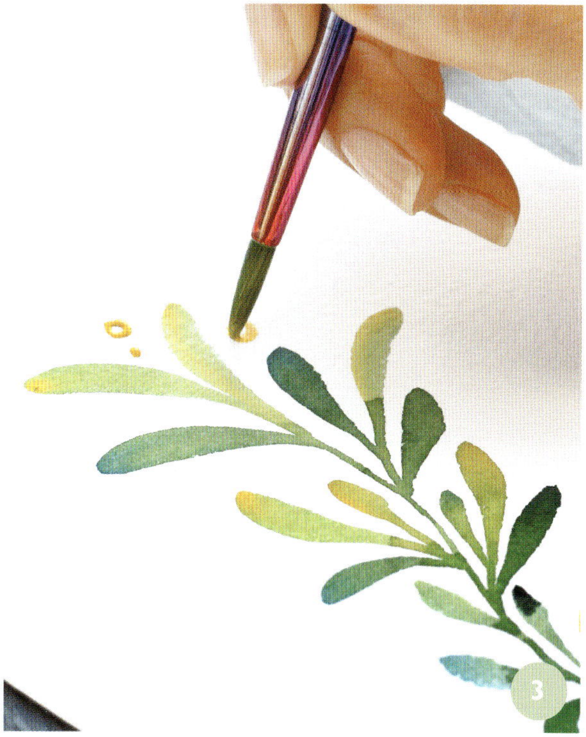

SCHRITT 2: Mit derselben Technik wie zuvor weitere Blätter malen, die ebenfalls zum Hauptstiel führen, aber in die andere Richtung gekrümmt sind. Das sorgt für mehr Abwechslung und Bewegung. Es sieht aus, als würden sich die Blätter im Wind bewegen.

SCHRITT 3: Zuletzt kleine Tupfer mit Kadmiumgelb, Indigo oder einer Mischung daraus beliebig im Motiv verteilen. Sei dabei ganz spontan.

Nachdem du gelernt hast, die Blüten und Blätter zu malen, kannst du eine eigene Komposition entwerfen, vielleicht für eine Grußkarte oder ein kleines Bild auf deinem Schreibtisch.

Ich hoffe, dass du bei diesem Projekt beim Zuschauen, wie der Pinsel über das Papier tanzt, einen Moment der Entspannung finden konntest. Die Farben sind leuchtend und die Formen voller lebendiger Energie. In deinen eigenen Kompositionen kannst du so viele Details und Variationen einfügen, wie du magst. Vor allem sei stolz und glücklich über deine Blumenarrangements.

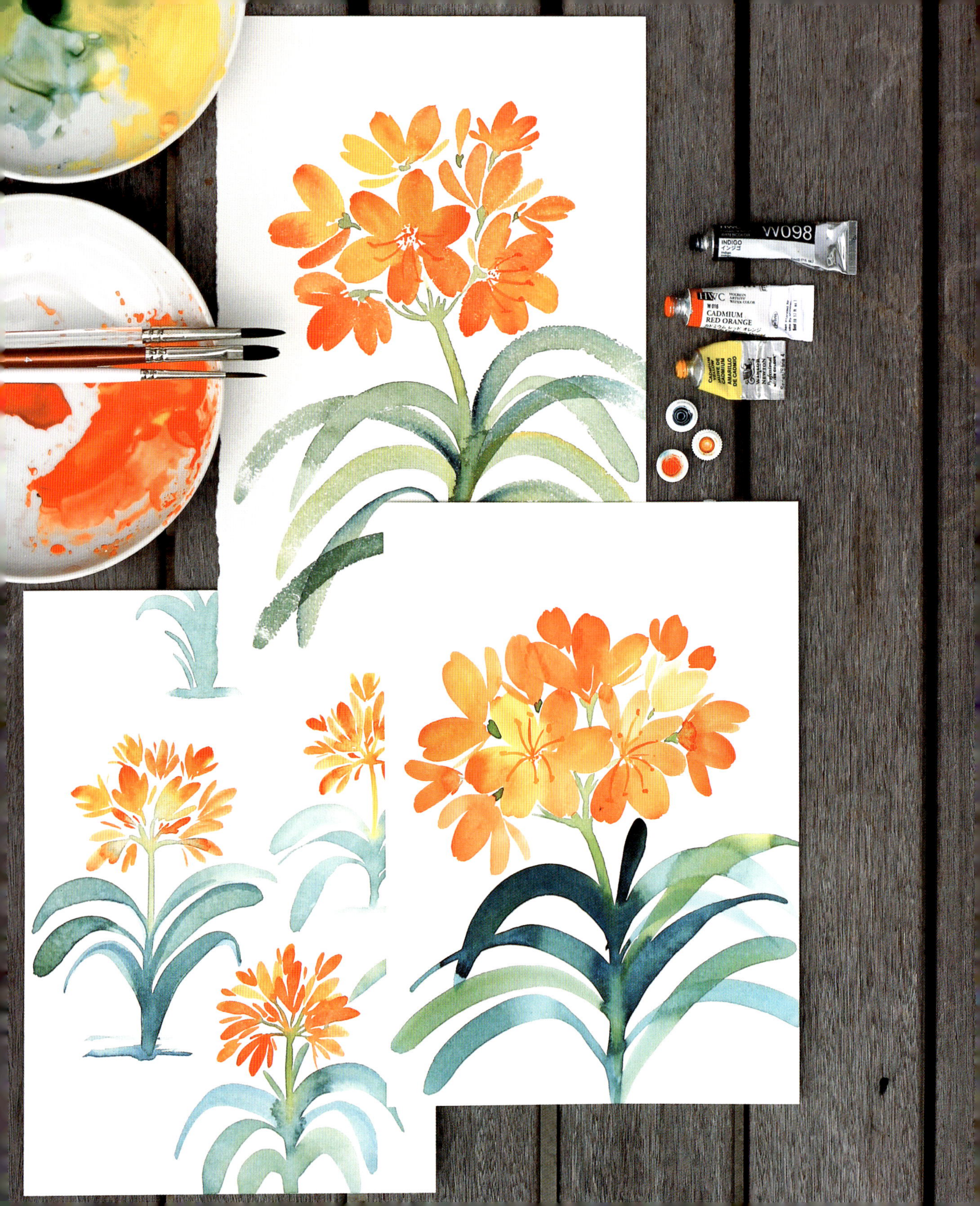
W098
INDIGO
インジゴ
HWC
HOLBEIN
ARTISTS'
WATER COLOR
W016
CADMIUM
RED ORANGE
カドミウム レッド オレンジ
CADMIUM
YELLOW
JAUNE DE
CADMIUM
AMARILLO
DE CADMIO
WINSOR
NEWTON
Professional

Heitere Klivie

Diese Blume macht mich einfach glücklich! Orange ist eine meiner Lieblingsfarben, und der natürliche Kontrast von Blüte und tiefgrünen Blättern erfüllt mein Herz mit Freude. Achtsamkeit hat meiner Meinung nach nicht nur mit Entspannung und einem ruhigen Geisteszustand zu tun, sondern auch mit Dingen, die mir Freude bereiten. Diese Blume ist ein perfektes Beispiel, weil die Blütenblätter weich und rund sind und die langen Blätter verspielt wirken. Ihre lebendigen und warmen Farben helfen mir zu verstehen, dass auch laute, verspielte und chaotische Momente Freude machen und genauso wichtig sind wie die ruhigen, meditativen Momente. Bei diesem Projekt geht es um die Freude an spielerischen Pinselstrichen und an warmen Farben voller Lebensfreude.

Material

- Kadmiumrot Orange
- Kadmiumgelb
- Indigo
- Weicher Katzenzungenpinsel Nr. 4
- Synthetik-Rundpinsel Nr. 2
- Synthetik-Rundpinsel Nr. 1

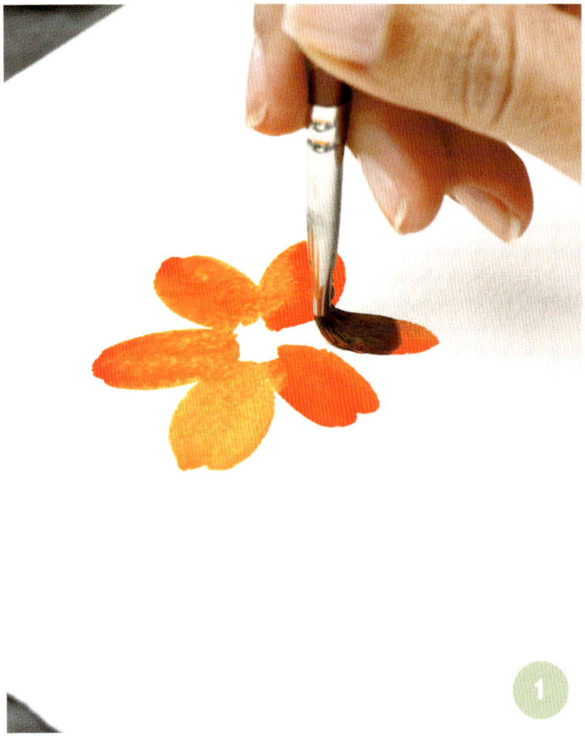

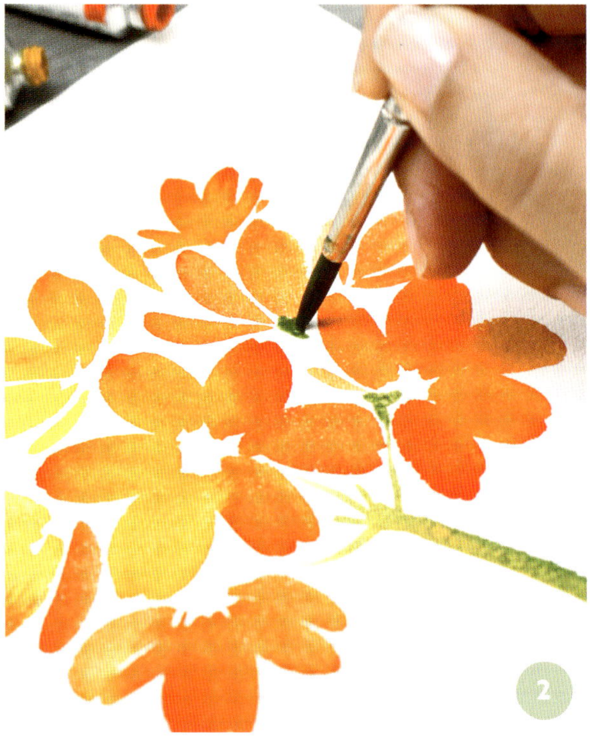

SCHRITT 1: Gemalt wird auf trockenem Papier. Mit dem Katzenzungenpinsel Nr. 4 Kadmiumrot Orange in einem dunklen Tonwert aufnehmen und mit der flachen Seite des Pinsels breite Striche malen, die auf einen gedachten Mittelpunkt gerichtet sind.

Du kannst nun in die feuchte Farbe Kadmiumgelb in einem dunklen Tonwert tupfen – entweder am gedachten Mittelpunkt oder an den Blütenblatträndern – um den Kontrast etwas zu verstärken.

Tipp: Nimm zum Malen dünnerer Blütenblätter die Schmalseite des Katzenzungenpinsels. Denke daran, dass alle Blütenblätter auf den gedachten Mittelpunkt zulaufen.

SCHRITT 2: Mit dem Synthetik-Rundpinsel Nr. 2 auf einem separaten Teller oder einer Palette etwas Indigo mit Kadmiumgelb im Verhältnis 3:1 mischen, alternativ einen mittleren Indigo-Tonwert mit Kadmiumgelb 1:3. So entsteht ein sanftes Gelbgrün, das mehr in Richtung Gelb als in Richtung Grün tendiert. Es wird für die Stiele der einzelnen Blüten benötigt.

Mit dem Synthetik-Rundpinsel Nr. 2 mit ganz leichter Hand den Hauptstiel von den unteren Blüten an abwärts malen. Dann mit der gleichen Farbmischung und dem gleichen Pinsel die kleineren Stängel so hinzufügen, als ob sie aus dem zuvor gemalten Hauptstiel wachsen würden.

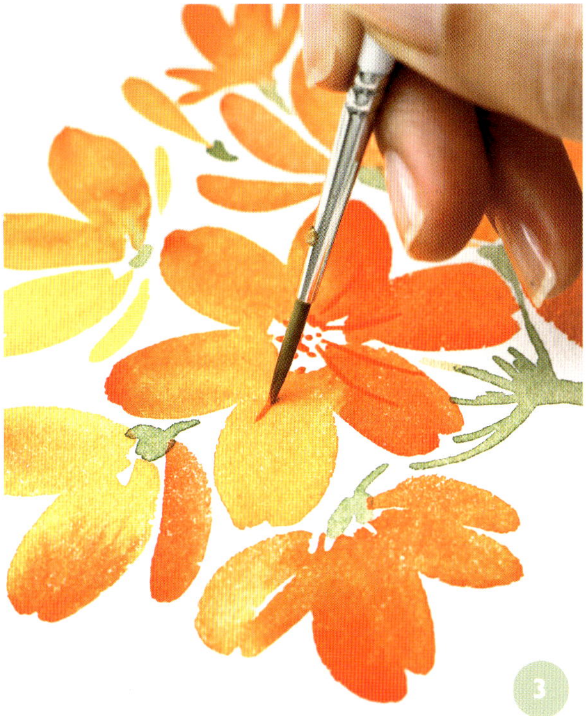

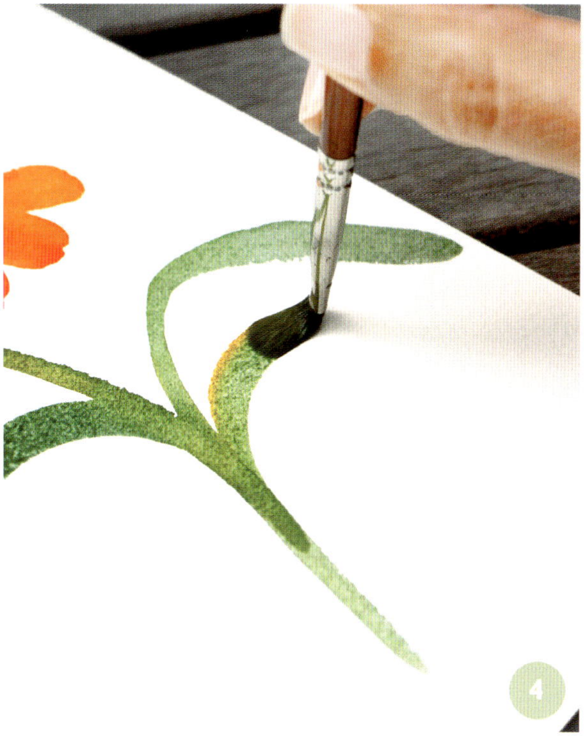

SCHRITT 3: Die orangefarbenen Blütenblätter müssen vollständig getrocknet sein, bevor die Staubgefäße mit dem Synthetik-Rundpinsel Nr. 1 und einem dunklen Tonwert von Kadmiumrot Orange gemalt werden. Da dieser Schritt ein wenig Präzision erfordert, bietet er eine gute Gelegenheit, bewusst auf deinen Atem zu achten und zu versuchen, ihn mit der Bewegung des Pinsels zu synchronisieren. Atme tief ein. Atme dann langsam und gleichmäßig aus, während du langsam dünne Linien für die Staubgefäße ziehst.

SCHRITT 4: Dieser letzte Schritt ist besonders entspannend, weil er sich für eine weitere Atemübung eignet. Gib zu dem Grün, das du für die Blütenstiele verwendet hast, mehr dunkles Indigo, um ein tiefes Grün zu erhalten. Nun kannst du deinen Katzenzungenpinsel vom Stiel der Blume aus mit sanftem Druck nach außen ziehen oder du kannst mit dem flachen Teil deines Pinsels an der Außenseite beginnen und ihn in Richtung des Stiels ziehen. Beide Herangehensweisen funktionieren gut, also scheue dich nicht, ein bisschen mit den Strichen zu experimentieren. Der Reiz dieses Schritts liegt ja auch darin, dass er spielerisch ist.

Ich hoffe, du hattest an diesem lockeren Projekt Freude, konntest dich entspannen und üben, deine Atmung mit den Pinselstrichen zu synchronisieren, um dir nun konzentriert und energiegeladen das nächste Projekt vorzunehmen, sei es ein weiteres Aquarell oder eine herausfordernde Brainstorming-Sitzung bei der Arbeit.

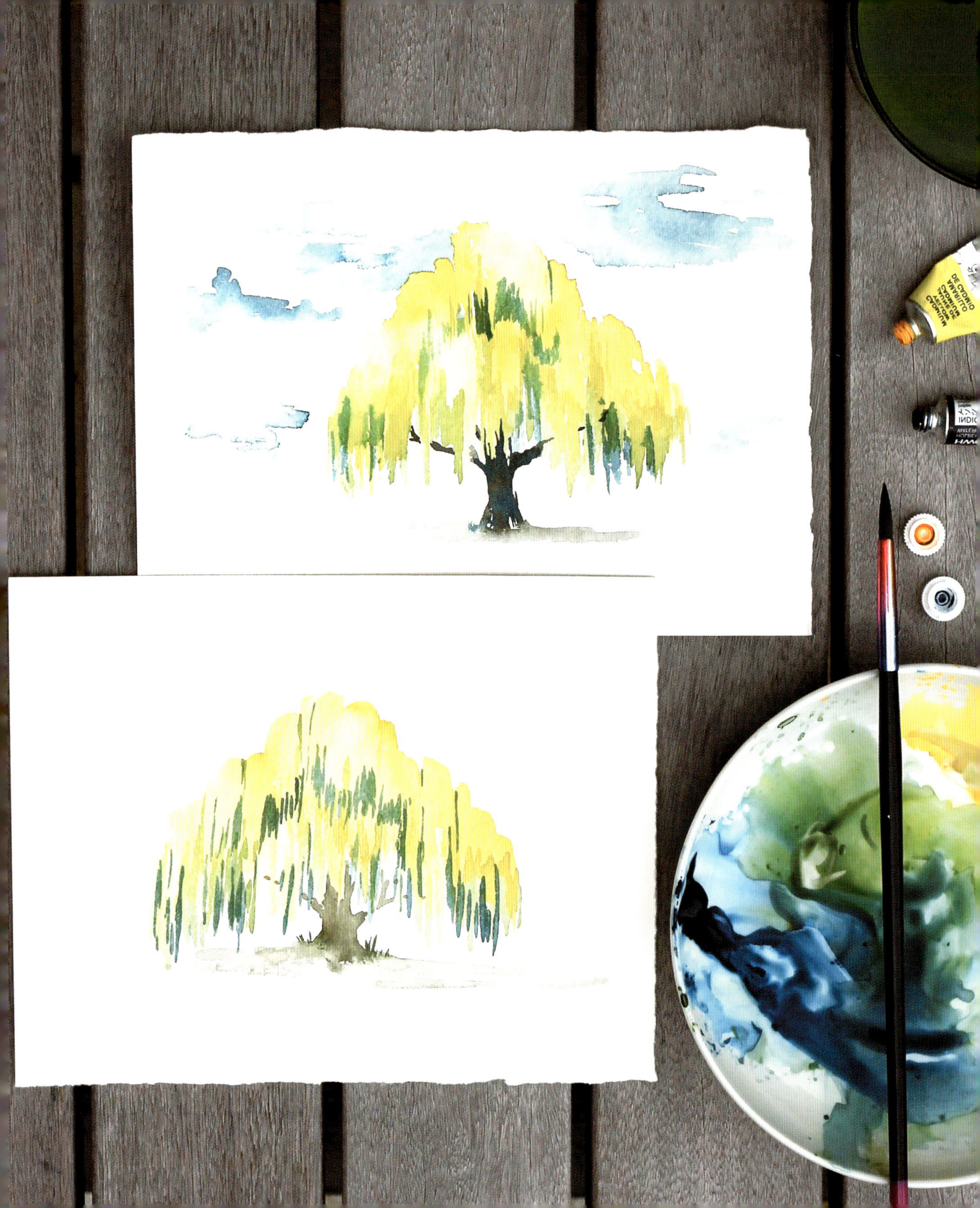

Elegante Trauerweide

In der Natur haben Trauerweiden oft eine stattliche Größe, wirken dabei aber weich, durchlässig und sanft. Genau das ist der Geisteszustand, den die Formen und Farben in diesem Projekt hervorrufen sollen. Es gibt keinen Grund, sich über die genaue Form des Baumes Gedanken zu machen, denn auch in der Natur wirkt die Kontur fließend. Je mehr du dich darauf einlässt, die Farbe auf das Papier fließen zu lassen, desto mehr wirst du dich auf den gegenwärtigen Moment konzentrieren und die aktuellen Sorgen oder die endlose To-do-Liste für ein Weilchen vergessen. Bleibe präsent und konzentriere dich ganz auf dieses wunderschöne gelbe Gebilde.

Ich hoffe, dass du dich am Ende des Projekts ruhig fühlst und zufrieden bist, einen der faszinierendsten Bäume überhaupt gemalt zu haben.

Material

- Kadmiumgelb
- Indigo
- Braun (gemischt aus Indigo und Orange im Verhältnis 1:1)
- Synthetik-Rundpinsel Nr. 6
- Synthetik-Rundpinsel Nr. 4

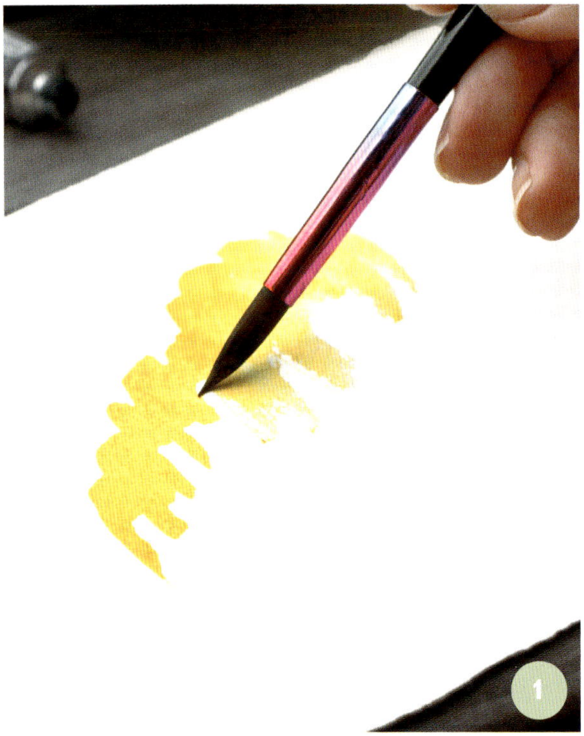

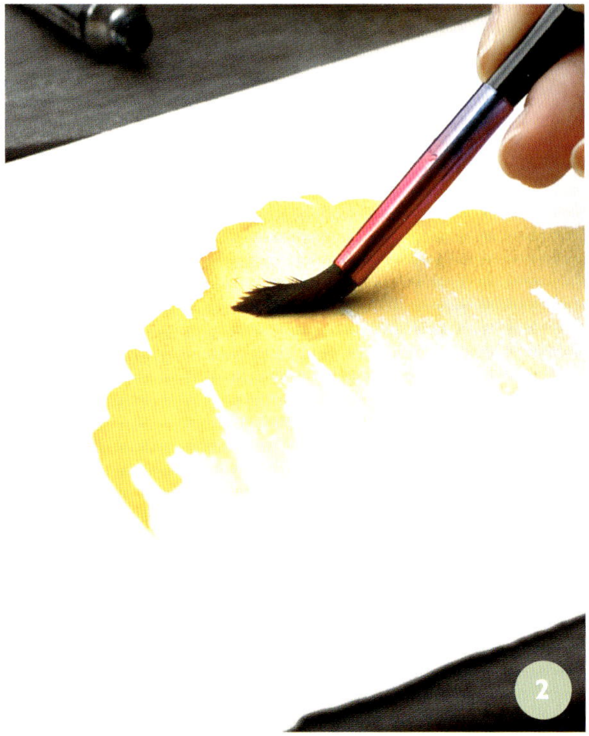

SCHRITT 1: Gemalt wird auf trockenem Papier. Zuerst die Grundform des Baums festlegen. Mit dem Synthetik-Rundpinsel Nr. 6 und einem mittleren Kadmiumgelb den oberen Teil der Baumkrone mit breiten, abwärts verlaufenden Strichen malen, die an verschiedenen Punkten beginnen. Entspanne deine Hand und lass dich von den Pinselstrichen führen.

SCHRITT 2: Bevor die Farbe trocknet, den Rundpinsel Nr. 6 ausspülen und mit Küchenpapier abtupfen. Dann etwas von der nassen Farbe wieder vom Papier abnehmen. So wirkt die Baumkrone wolkig und transparent.

Eine oder zwei Minuten warten, damit das Papier die gelbe Farbe aufnehmen kann. In dieser Zeit auf dem Mischteller einen Teil helles Kadmiumgelb und einen Teil helles Indigo mischen. Dieses sanfte Gelbgrün wird im nächsten Schritt benötigt.

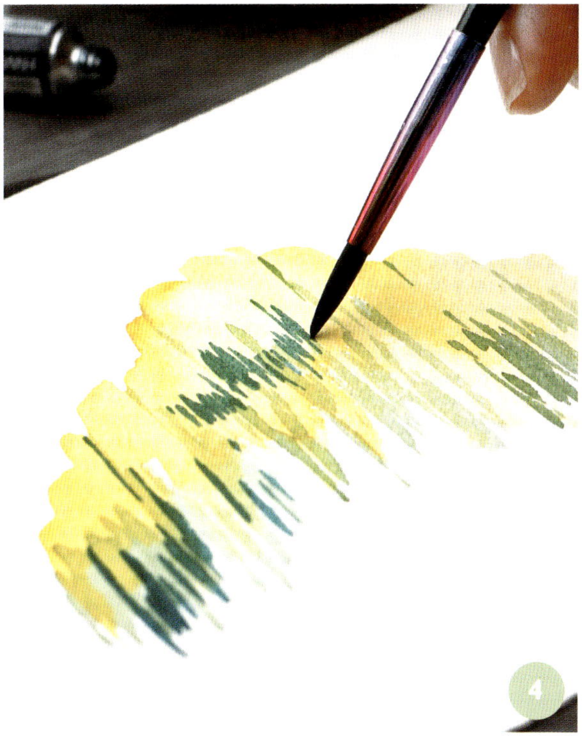

SCHRITT 3: Nun folgen die ersten Schatten, die den Baum plastischer wirken lassen. Damit kannst du schon beginnen, wenn die gelbe Farbe noch nicht ganz trocken ist. Das gerade gemischte Gelbgrün mit dem Synthetikpinsel Nr. 4 aufnehmen und etwa von der unteren Hälfte des gelben Bereichs aus abwärts verlaufende Striche malen. Diese sanften, sich wiederholenden Bewegungen haben etwas Meditatives, das dich zur Ruhe bringt und hilft, Stress abzubauen. Es macht gar nichts, wenn einige der grünen Striche in der feuchten gelben Farbe verlaufen. Dadurch wirkt der Baum später umso weicher.

SCHRITT 4: Für die zweite Schattenschicht denselben Pinsel Nr. 4 verwenden, aber mehr Indigo zu dem hellen Grün geben, um es abzudunkeln. Mit dieser neuen Farbe Schritt 3 wiederholen. Konzentriere dich dabei auf Lücken. Die Pinselstriche dürfen die vorherigen überlagern, aber ein Großteil der gelben Fläche sollte unberührt bleiben. Die Pinselstriche sind wieder abwärtsgerichtet, weil dies dem natürlichen Wuchs des Baums entspricht.

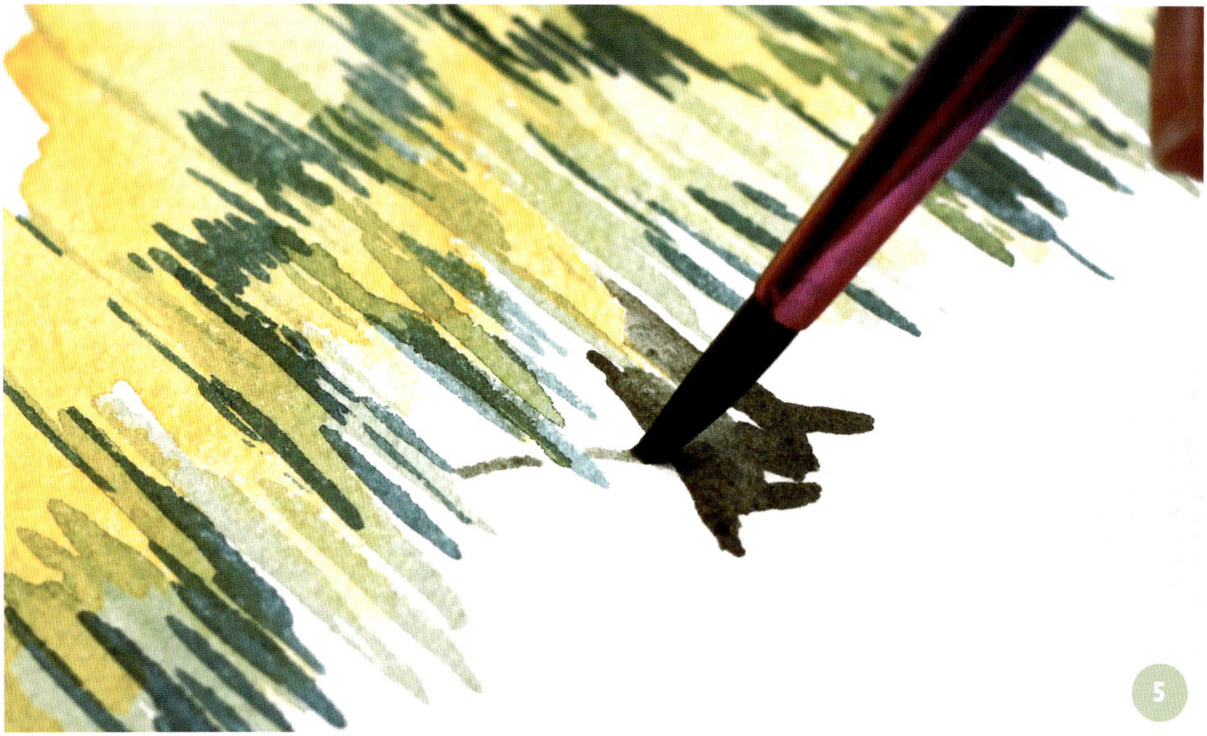

SCHRITT 5: Damit das Bild wie ein Baum aussieht, werden nun Stamm und Äste hinzugefügt. Mit dem Rundpinsel Nr. 4 ein mittleres Braun aufnehmen (gemischt aus Indigo und Orange im Verhältnis 1:1). Ausgehend von der unteren Mitte der Baumkrone einen kurzen Stamm und einige kleine Äste in die weißen Lücken malen, die zwischen den zuvor gemalten langen Pinselstrichen zu sehen sind. Du kannst auch den Erdboden mit einigen waagerechten Strichen unter dem Stamm andeuten. Fertig ist eine wunderschöne, weiche und sanfte Trauerweide.

Nimm dir einen Moment Zeit, um die wunderbaren Formen und schönen Farben deines Werks zu genießen und deinen entspannten Geisteszustand wahrzunehmen.

Kirschblüten im Wasser

Dieses Projekt weckt Erinnerungen an die Zeit, als ich in Japan lebte und zum ersten Mal die Kirschblüte erleben durfte. Diese Blüten sind so zart, dass schon der kleinste Wind die Blütenblätter sanft davonfliegen lässt, als würde es Blüten schneien. Ich male diese Blüten gern im Wasser, weil die Bäume tatsächlich oft an Flüssen oder Seen wachsen und die zarten Blütenblätter wie eine weiße oder hellrosa Spitzendecke auf dem Wasser schwimmen. Für dieses Projekt mache ich mir einen leckeren Matcha-Latte, lasse ein bisschen Kyoto-Stimmung aufkommen und bereite meine Farben für das schöne Motiv vor.

Material

- Indigo
- Türkis
- Acrylfarbe Titanweiß (1:4 mit Wasser verdünnt)
- Opernrosa
- Weicher Rundpinsel Nr. 6
- Weicher Katzenzungenpinsel Nr. 4
- Synthetik-Rundpinsel Nr. 1

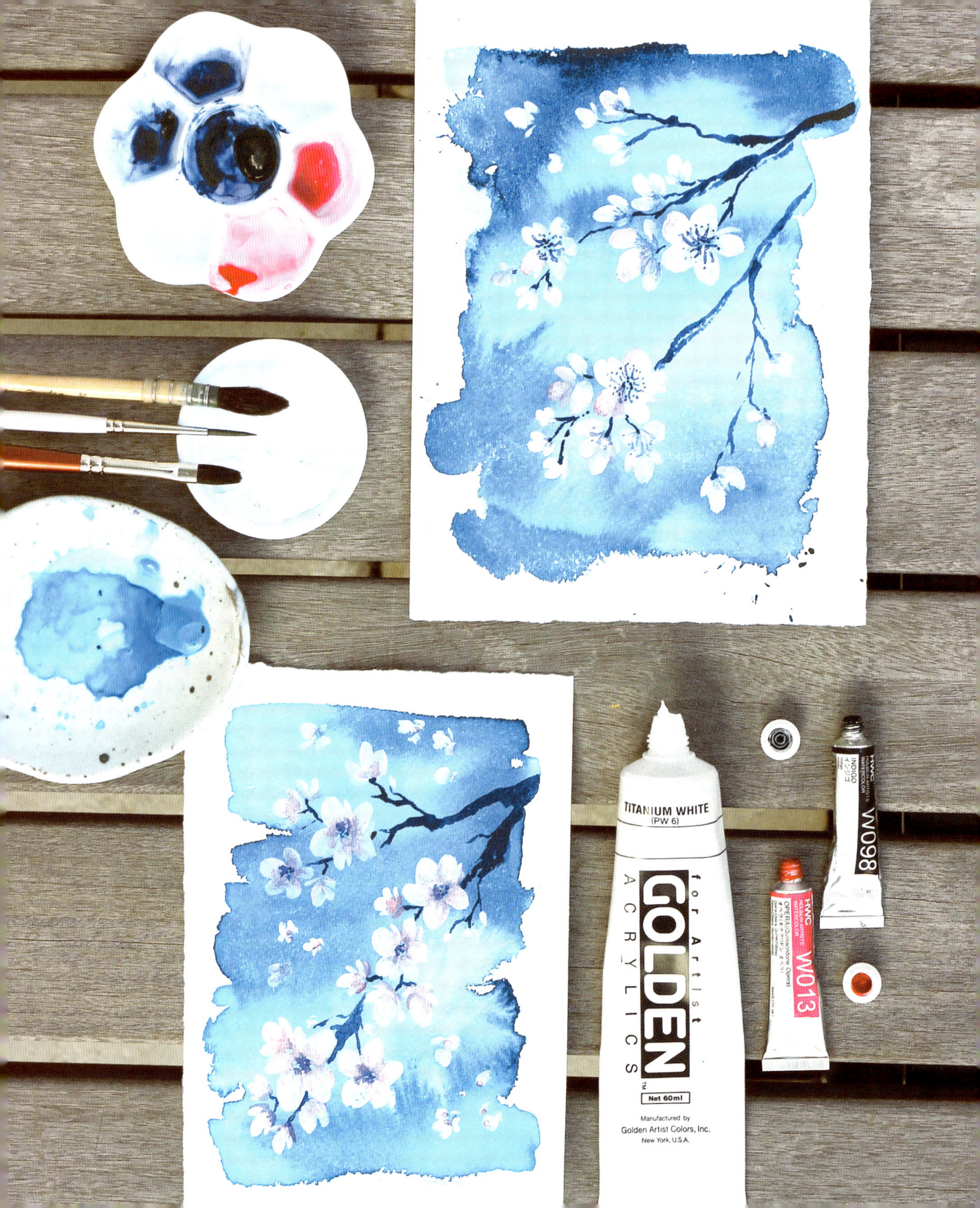
TITANIUM WHITE
(PW 6)
for Artist
GOLDEN
ACRYLICS
Net 60ml
Manufactured by
Golden Artist Colors, Inc.
New York, U.S.A.
HWC
INDIGO
W098
HWC
OPERA
W013

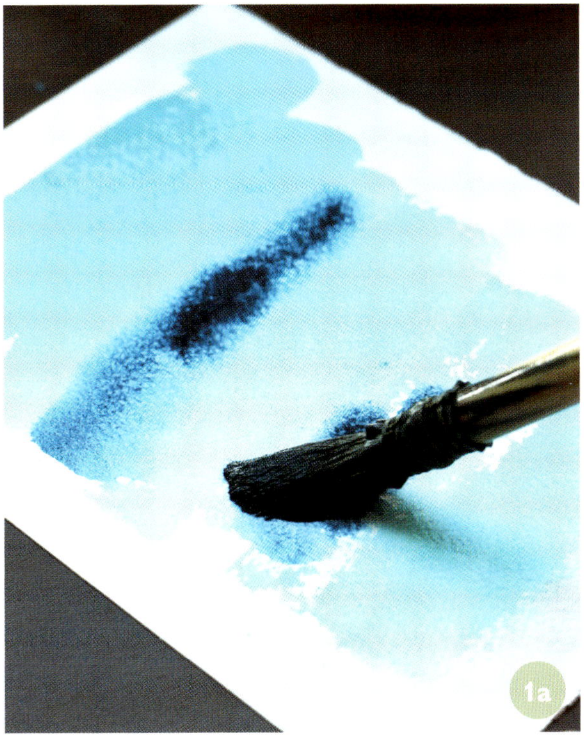

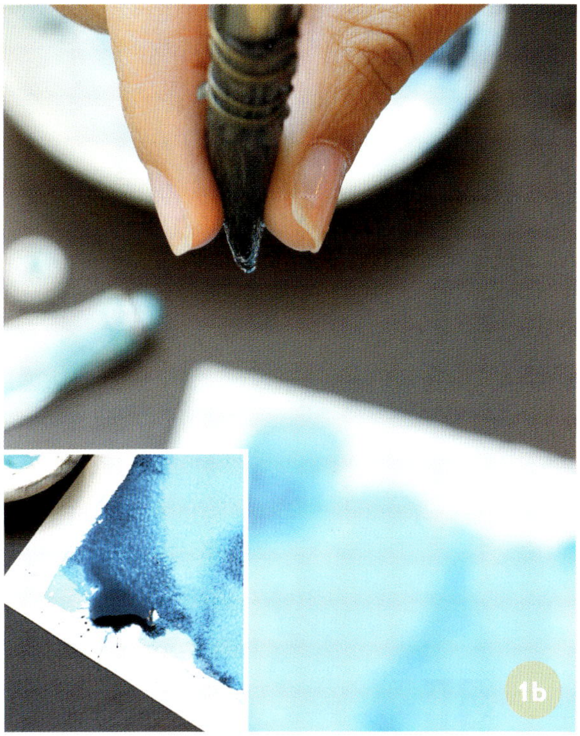

SCHRITT 1: Der Hintergrund wird mit einer Mischung aus Indigo und Türkis gemalt.

Zuerst die gesamte Oberfläche des Papiers leicht anfeuchten, sodass sie glänzt. Ich lasse die Ränder des Papiers gern trocken, damit ich das Papier leichter halten kann, wenn ich es bewegen muss, und auch, weil es dem Motiv Halt gibt. Mit dem Rundpinsel Nr. 6 Türkis mit langen, zügigen, halbwegs parallelen Pinselstrichen auf dem gesamten feucht glänzenden Papier verteilen. Hier und da dürfen Stellen weiß bleiben. Sofort, solange das Türkis noch feucht ist, in der gleichen Richtung einige Streifen mit einem dunklen Indigoton hinzufügen. Dieser Farbtonunterschied vermittelt den Eindruck von Tiefe im Wasser. Sollten sich an den Rändern Farb- oder Wasserpfützen bilden, berühre den Rand der Pfütze vorsichtig mit einem Zipfel Küchenpapier, um die überschüssige Flüssigkeit aufzusaugen.

Tipp: Ich klebe die Papierränder nicht fest und kümmere mich auch ansonsten nicht um sie. Je lockerer du malst, desto mehr Freude und Entspannung wirst du erleben.

Um die lockere Ausstrahlung des Motivs zu verstärken, nun den mit Indigo gefüllten Pinsel 15–20 cm über das Papier halten und die Haare mit den Fingern zusammendrücken, um Kleckse auf einen Rand oder zwei zu träufeln.

Nimm dir einen Moment Zeit und schau einfach zu, wie Türkis und Indigo ineinanderlaufen, wie die Farbe auf dem Papier fließt und schließlich zur Ruhe kommt. Ich finde es faszinierend, Aquarellfarben beim Trocknen zuzuschauen und mich in der Bewegung der Farben zu verlieren. Ich hoffe, dir geht es ähnlich.

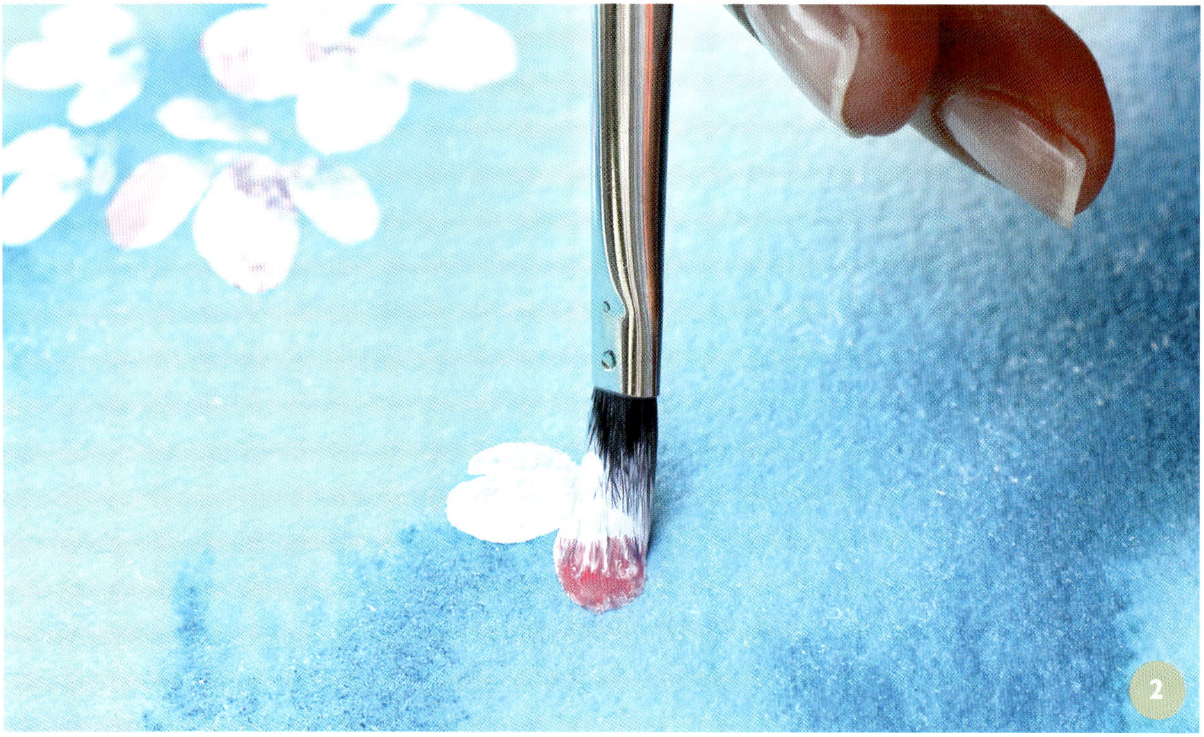

SCHRITT 2: Jetzt werden der Blütenzweig und die einzelnen Blütenblätter gemalt, die ins Wasser gefallen sind.

Während der Hintergrund trocknet, auf einem kleinen Teller etwas Acrylfarbe in Titanweiß mit etwa 4 Teilen Wasser verdünnen, sodass die Farbe weich-cremig wird. Außerdem Opernrosa in einem dunklen Tonwert vorbereiten. Mit dem Katzenzungenpinsel Nr. 4 weiße Acrylfarbe aufnehmen und mit der Pinselspitze nur ganz leicht das Opernrosa berühren. Die Blütenblätter mit der breiten Seite des Pinsels zu einem gedachten Mittelpunkt hin malen. Jede geöffnete Blüte hat fünf Blütenblätter, und die Blüten der japanischen Kirschen stehen in kleinen Gruppen – wie Pompons aus Blüten. Ordne also vier oder fünf Blüten zu Gruppen an. Einzelne Blütenblätter, die ins Wasser gefallen sind, kannst du beliebig verteilen, vielleicht eher an den Rändern des Papiers.

Nimm dir zum Malen der Kirschblüten etwas Zeit und konzentriere dich darauf, wie die weiße Farbe im Pinsel und das Rosa, das nur mit der Spitze aufgenommen wurde, auf dem Papier miteinander verschmelzen. Dieser Effekt stimmt mich sehr friedlich, weil die Farben so schön und mühelos ineinanderfließen. Den Blütenblättern dabei zuzusehen, wie sie zu kleinen Blumen werden, hat etwas schöpferisch Magisches.

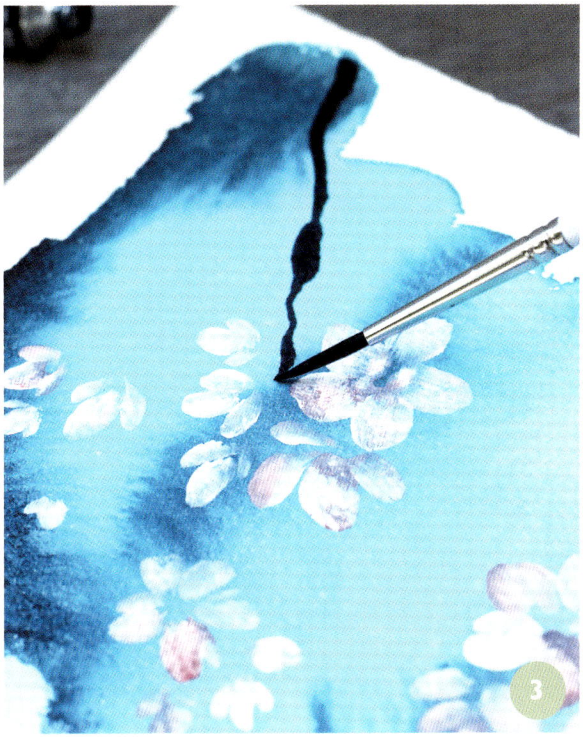

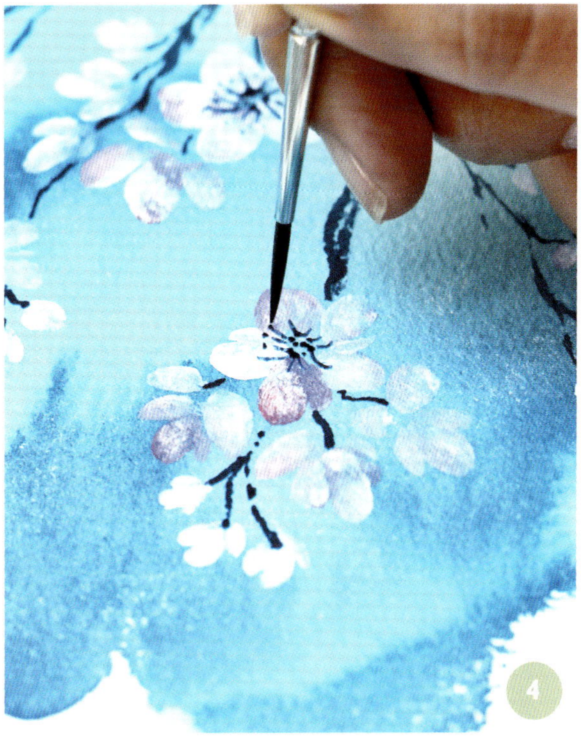

SCHRITT 3: Jetzt folgen die Zweige, die deine kleinen Blüten miteinander verbinden und die Komposition zu einem Ganzen werden lassen.

Einige Minuten warten, bis die Blüten trocken sind. Mit dem Synthetik-Rundpinsel Nr. 1 dunkles Indigo aufnehmen und die Zweige malen, an deren Ende die Blüten sitzen. Mit einem welligen Strich von der oberen linken Ecke abwärts zu den Blüten beginnen und dabei einige Blüten oder Knospen mit der Pinselspitze verbinden. Je welliger dieser Strich wird, desto besser. Blüten und Blütenblätter, die lose auf dem Wasser schwimmen, dürfen selbstverständlich nicht mit dem Zweig verbunden werden.

SCHRITT 4: Für die Staubgefäße denselben Pinsel und das dunkle Indigo verwenden. Kurze, gekrümmte Striche malen, die in der Mitte der Blüte beginnen und strahlenförmig nach außen verlaufen. Um die Enden der Linien einige kleine Punkte verteilen.

Wenn alles getrocknet ist, nimm dir einen Moment Zeit, um die zarten und schlichten Formen der Blumen zu bewundern und wahrzunehmen, wie sich dabei Ruhe und Entspannung einstellen.

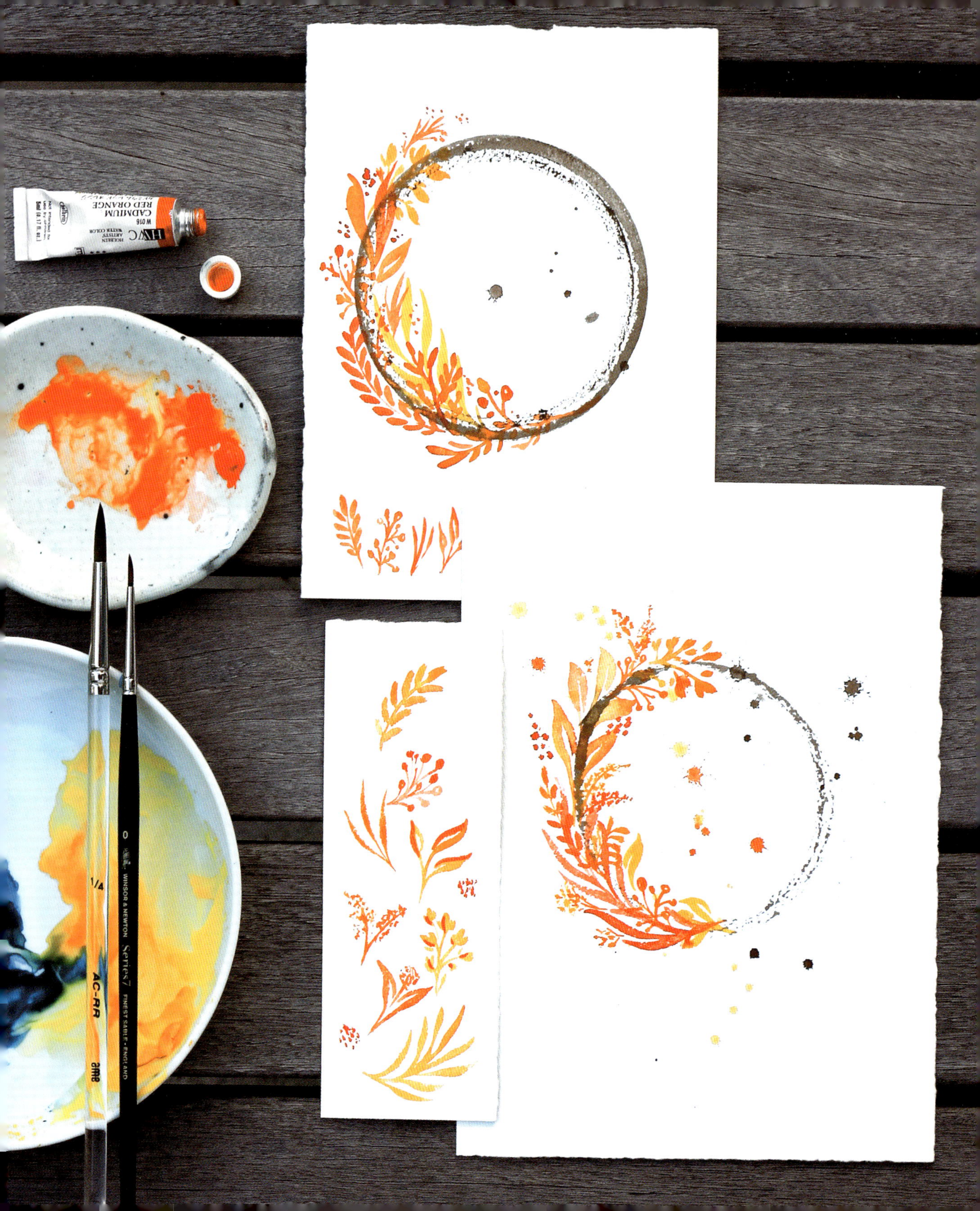
WINSOR & NEWTON
Series 7
FINEST SABLE - ENGLAND
AC-RR

Herbstlicher Kranz

Das nächste Projekt eignet sich gut dafür, in den eigenen Flow zu kommen, denn du kannst fast abstrakt malen und brauchst dich nicht darum zu kümmern, dass dein Bild korrekt oder naturgetreu aussieht. Obwohl nur drei Farben verwendet werden, hast du unendliche Möglichkeiten, Blüten- oder Blattformen zu gestalten. Auch die rundlichen Blätter aus dem ersten Projekt und die langen Blätter aus dem zweiten kommen hier wieder zum Einsatz, allerdings in einem viel kleineren Maßstab.

Material

- Braun
- Kadmiumgelb
- Kadmiumrot Orange
- Synthetik-Rundpinsel Nr. 0

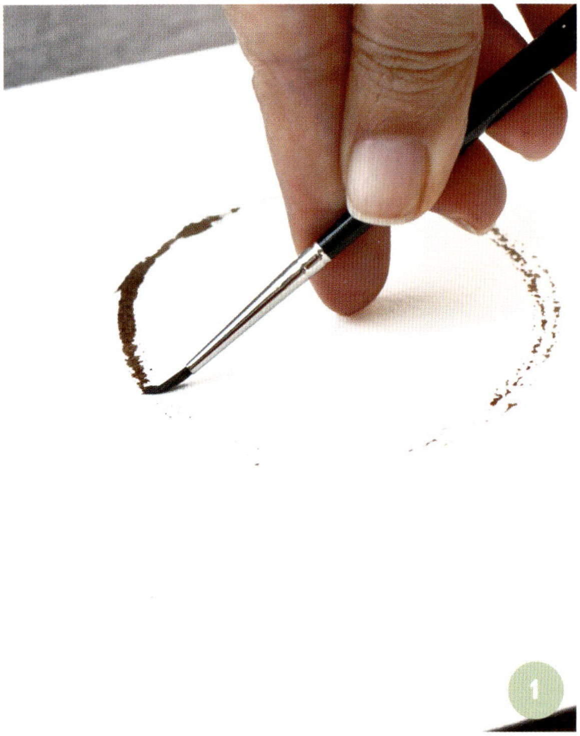

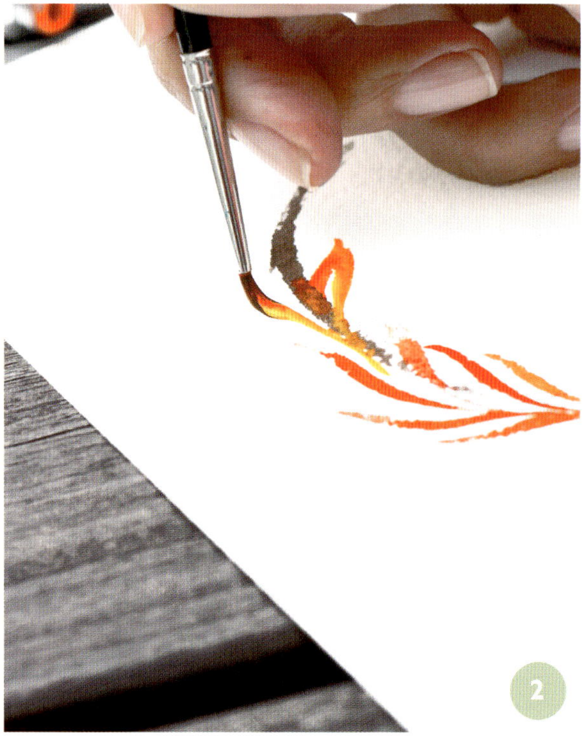

SCHRITT 1: Dieser Schritt ist schon unglaublich entspannend und befreiend, weil es überhaupt nicht auf Perfektion ankommt. Gemalt wird auf trockenem Papier. Mit dem Pinsel Nr. 0 dunkles Braun aufnehmen (eventuell gemischt aus Indigo und Orange im Verhältnis 1:1). Den Pinsel wie auf dem Foto halten (die Zeigefingerspitze ist auf dem Kreismittelpunkt) und das Papier drehen, um einen Kreis zu erhalten. Du kannst diesen Schritt mehrmals wiederholen, um den Eindruck zu erwecken, dass der Kranz aus mehreren dünnen Zweigen gebunden ist. Diese Art, Kreise zu malen, finde ich sehr entspannend. Ich hoffe, dir geht es ähnlich.

SCHRITT 2: Nun werden die Blätter gemalt, die an den Zweigen wachsen, aus denen der Kranz gebunden ist.

Den Pinsel auswaschen und sobald die Kreise ganz getrocknet sind, Kadmiumgelb in einem dunklen Tonwert aufnehmen. Nur die Pinselspitze in Kadmiumrot Orange tauchen und so die ersten Blätter malen. Dabei den Pinsel mit leichtem Druck führen und an der Blattspitze mit einer weich fließenden Bewegung vom Papier abheben.

Hinweis: Die hier verwendete Technik nennt man Trockenmalerei. Sie kommt zum Einsatz, wenn man mit geringem Aufwand Texturen gestalten will. Die meiste Arbeit übernimmt dabei der Pinsel.

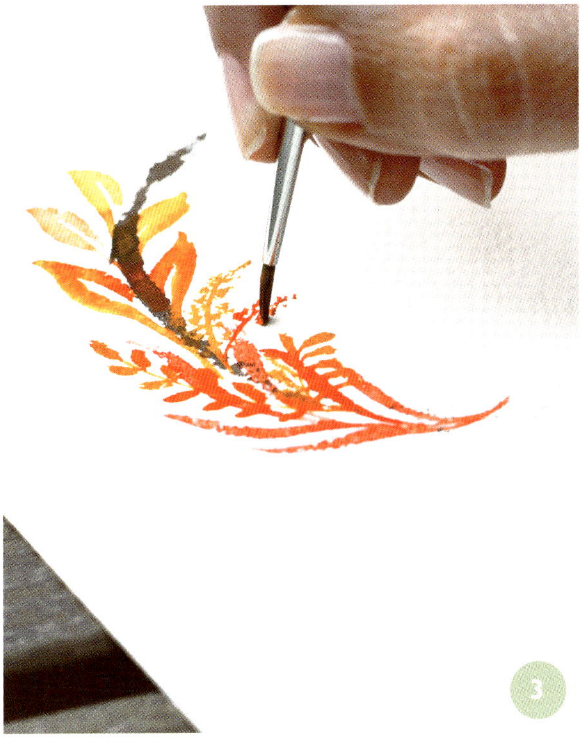

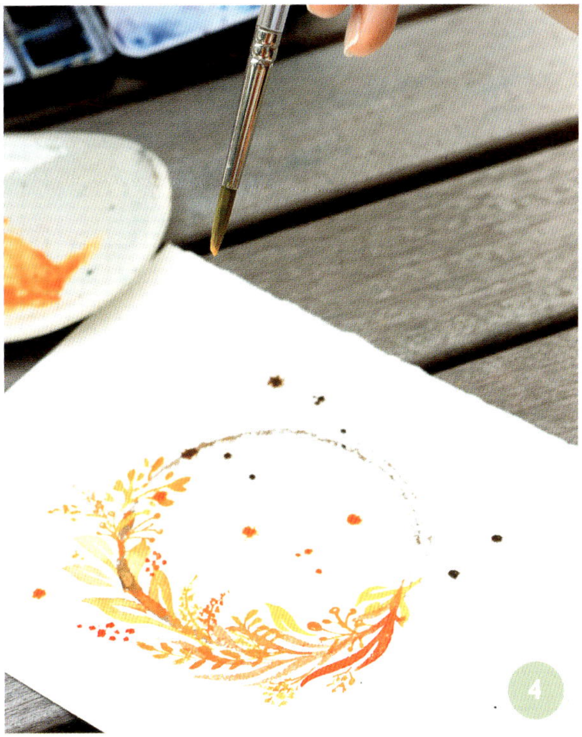

SCHRITT 3: Du kannst so viele verschiedene abstrakte Blüten und Blätter malen, wie du möchtest. Ich empfehle, zuerst einige Formen auf einem Papierrest auszuprobieren, um etwas Sicherheit zu gewinnen.

Eine Gruppe aus vier oder fünf kleinen runden Formen und einem Stiel ergibt eine abstrakte Blüte. Ein langer, gekrümmter Strich mit vielen kleinen Punkten am Ende sieht aus wie stilisiertes Schleierkraut, und kleine Ellipsen mit einem einzelnen Stiel genügen als Blätter, um Zwischenräume zu füllen. Wenn du verschiedene Blatt- und Blütenformen ausprobiert hast, kannst du sie an deinen Kranz anfügen. Male dazu einige Blüten mit mehr Orange und andere mit mehr Gelb, um farblich für Abwechslung zu sorgen. Wenn einzelne Blätter trocken sind, kannst du sie auch mit weiteren teilweise überlagern.

SCHRITT 4: Einige Kleckse, die locker auf der Bildfläche verteilt werden, geben dem Bild mehr Energie. Dafür mit dem Pinsel ein dunkles Kadmiumrot Orange aufnehmen. Den Pinsel etwa 20 cm über das Papier halten und mit einem anderen Pinsel auf seinen Stiel klopfen, sodass Farbkleckse auf das Papier fallen. Den Pinsel auswaschen, intensives Kadmiumgelb aufnehmen und den Vorgang wiederholen.

Bei diesem Projekt hast du zwei Dinge gelernt: die Trockenmalerei und eine neue Technik, einen Kreis zu malen. Es ist enorm befriedigend, jeden Tag etwas Neues zu lernen, und es bringt dich natürlich auch in der Aquarellmalerei voran. Ich hoffe, das Malen dieses Kranzes war für dich eine entspannende Auszeit.

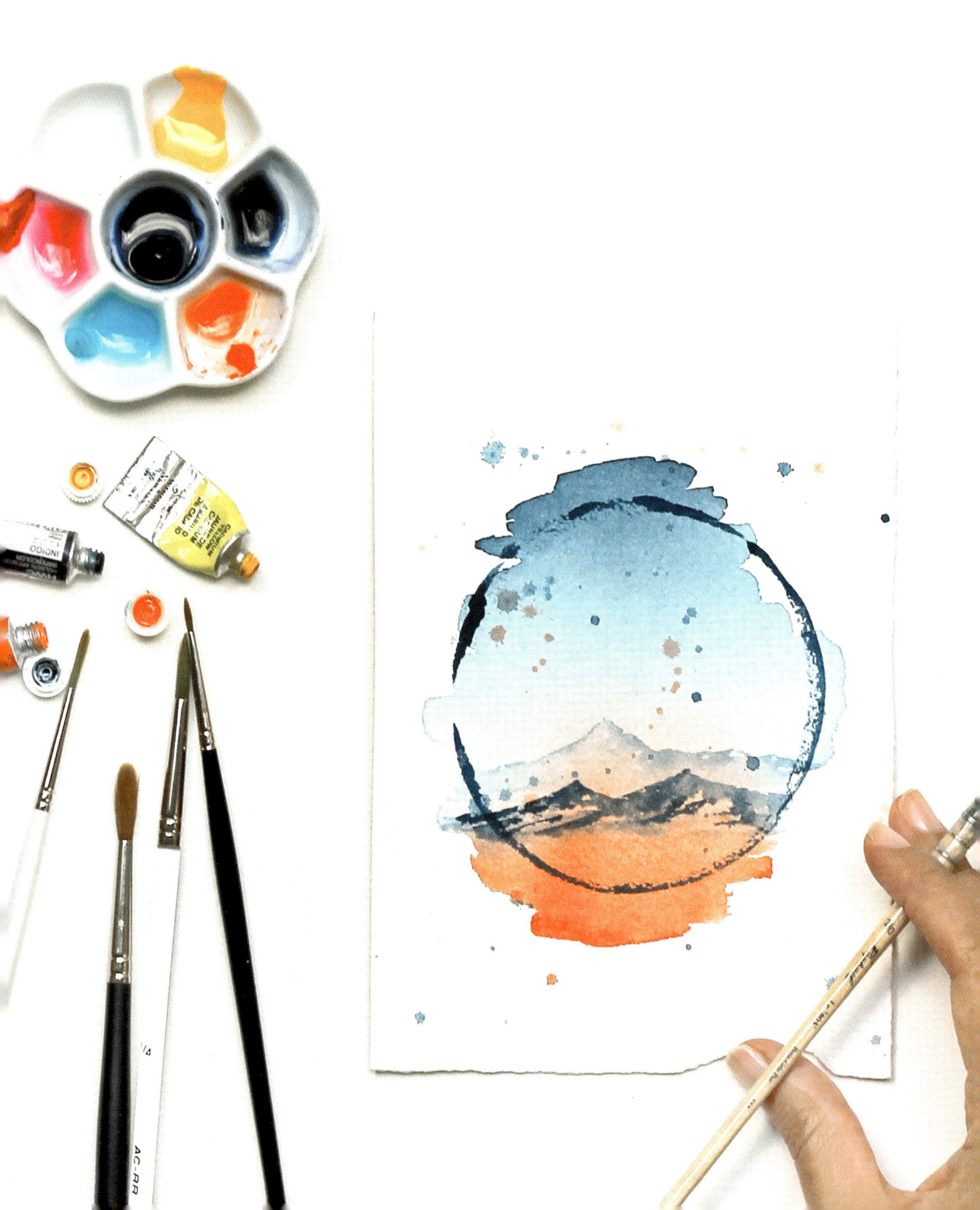
INDIGO
AC-RR

Verzauberte *Landschaften*

Ich reise am liebsten an Orte, die mir ein Gefühl von Frieden und Ruhe vermitteln. Verstehe mich nicht falsch, ich liebe pulsierende Metropolen, aber auch dort suche ich nach Parks, botanischen Gärten oder einer ruhigen Skyline. Ich hatte das Glück, schon an vielen Orten zu leben oder sie zu bereisen. Einige meiner Lieblingsorte zum Malen sind die verregneten oder nebligen Berge im Norden Chinas, aber auch entspannende Strandlandschaften, die mich an die warme Meeresbrise der Malediven erinnern, oder die üppigen Wälder Japans. An solchen Orten gelingt es mir am besten, mich ganz auf den gegenwärtigen Moment zu konzentrieren. Wenn ich beim Malen verfolge, wie die Farbe langsam fließt, sich vermischt und Texturen erzeugt oder sich in den kleinen Details verliert, finde ich in einen meditativen Geisteszustand.

In diesem Kapitel nehme ich dich mit an einige meiner Lieblingsorte und hoffe, dir etwas von dem Gefühl zu vermitteln, das ich dort einmal empfunden habe.

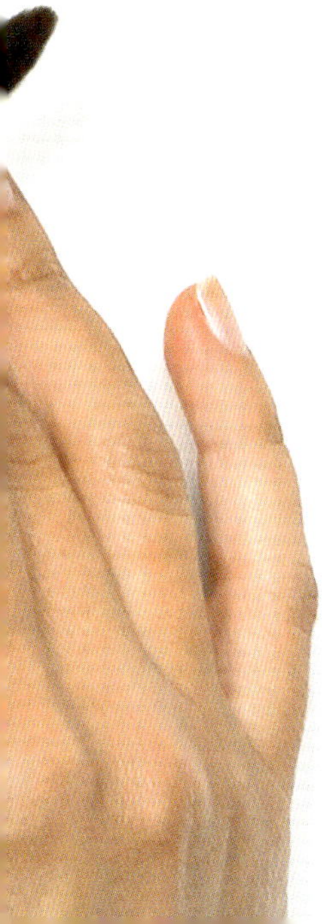

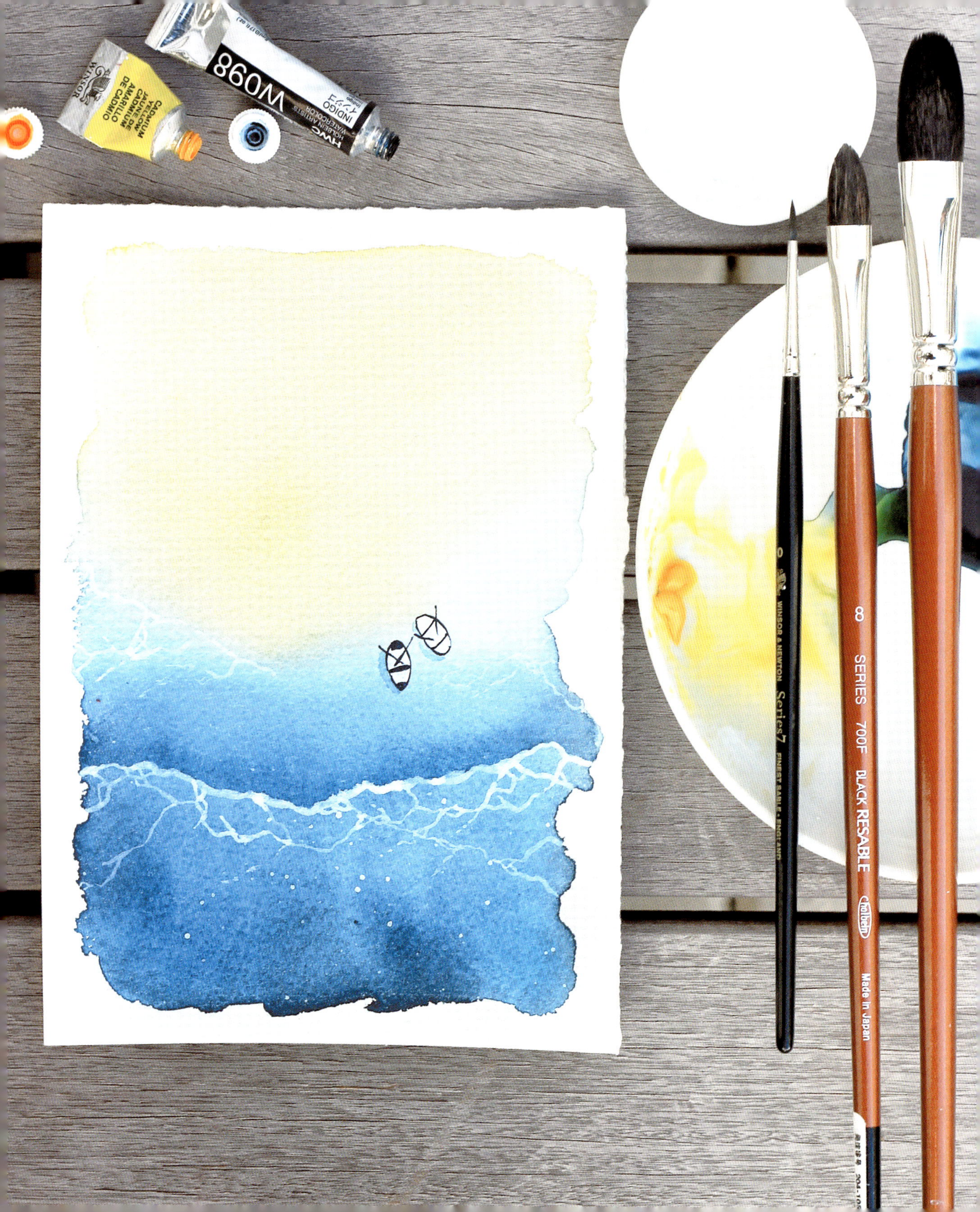
W098
INDIGO
HWC
CADMIUM YELLOW
JAUNE DE CADMIUM
AMARILLO DE CADMIO
WINSOR & NEWTON
Series 7
8
SERIES 700F
BLACK RESABLE
holbein
Made in Japan

Ein Tag am Strand

Es gibt nichts Entspannenderes, als sich seinen neuen Lieblingsroman zu schnappen, ein entlegenes Plätzchen am Strand zu finden und mit dem Meeresrauschen als Hintergrundakustik zu lesen. Einer der mit Abstand friedlichsten Orte, die ich je besucht habe, waren die Malediven, genauer gesagt die Insel Iru Fushi im Noonu-Atoll. Diese kleine Insel erreicht man nur mit einem Wasserflugzeug. Dann befindet man sich mitten im Indischen Ozean, weit abseits jeglicher Zivilisation. Dieses Gefühl der Abgeschiedenheit war einer der befreiendsten und harmonischsten Momente in meinem Leben. Versetze dich mit mir an diesen glücklichen, warmen und sympathischen Ort. Atme langsam und tief ein und aus, lege Meeresrauschen auf (CD oder Stream) und lasse die Farbe fließen.

Material

- Indigo
- Kadmiumgelb
- Acrylfarbe Titanweiß (1:2 mit Wasser verdünnt)
- Weicher Katzenzungenpinsel Nr. 12
- Synthetik-Rundpinsel Nr. 0

SCHRITT 1: Als Hintergrund wird zuerst eine Lasur mit Farbübergang gemalt. Sie bildet die erste Schicht von Meer und Strand.

Gemalt wird dieser Farbübergang nass in nass. Das Papier anfeuchten, bis seine Oberfläche glänzt. Wasserpfützen vorsichtig mit dem Zipfel eines Stücks Küchenpapier abtupfen.

Mit dem Katzenzungenpinsel Nr. 12 reichlich dunkles Indigo mit einem breiten waagerechten Strich auf den oberen Rand des Papiers auftragen. Das Papier leicht schräg halten und die Farbe abwärts bis zur Papiermitte fließen lassen. Nimm dir die Zeit, dabei einfach zuzuschauen. Es fühlt sich fast so an, als würden die sanften Wellen des ruhigen Ozeans ein- und auslaufen und dabei die Oberfläche des Sandes sanft berühren.

Den Pinsel sofort auswaschen, das noch nasse Papier umdrehen und den Vorgang auf der anderen Seite des Bilds mit Kadmiumgelb wiederholen. Das ist der Strand.

SCHRITT 2: Den Hintergrund weiter ausarbeiten.

Solange das Papier noch feucht ist, etwas mehr Indigo in den blauen Bereich tupfen, um die Tiefe des Meers darzustellen. Das Papier vorsichtig hin und her neigen, damit die Farbe verläuft. Vollständig trocknen lassen.

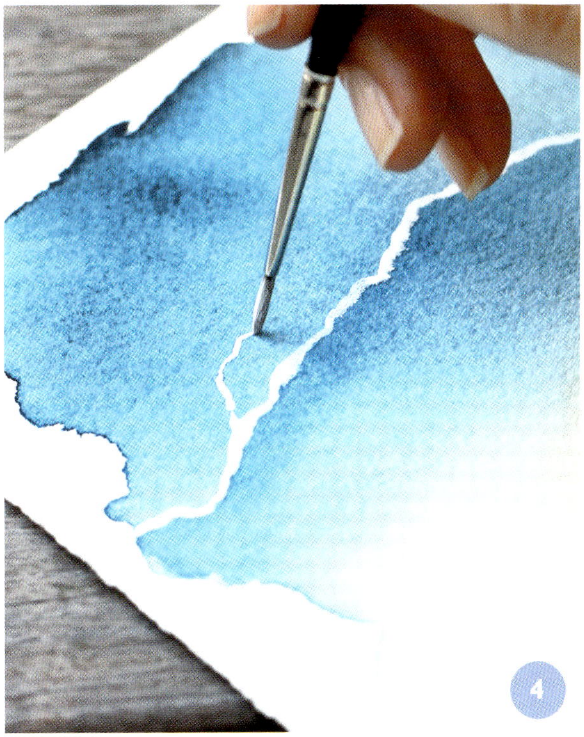

SCHRITT 3: Jetzt werden die Wassertiefen des Ozeans nass auf trocken weiter ausgearbeitet.

Mit dem Katzenzungenpinsel ein mittleres Indigo aufnehmen und auf dem vollständig getrockneten Papier etwa das obere Viertel des Papiers nochmals übermalen, um eine an den Strand rollende Welle zu verdeutlichen. Das Blau zum Gelb hin verteilen, dabei aber allmählich immer stärker verdünnen. Es soll schließlich so hell sein, dass es auf dem Sand beinahe nicht mehr zu sehen ist.

SCHRITT 4: Weiter geht es mit kleinen Wellen oder Schaum auf der Wasseroberfläche.

Wenn die Farben vollständig getrocknet sind, mit dem Synthetik-Rundpinsel Nr. 0 verdünntes Titanweiß aufnehmen und die Kante der zweiten blauen Farbschicht nachziehen. Danach über dieser Kante kleine, unregelmäßige und wellige Bögen anfügen, um die weichen Schaumkronen darzustellen. Bei diesem Schritt kannst du deinen Geist einen Moment entspannen und die Hand einfach machen lassen. Du kannst keine Fehler machen. Je unregelmäßiger die Bögen aussehen, desto natürlicher wirkt die Welle.

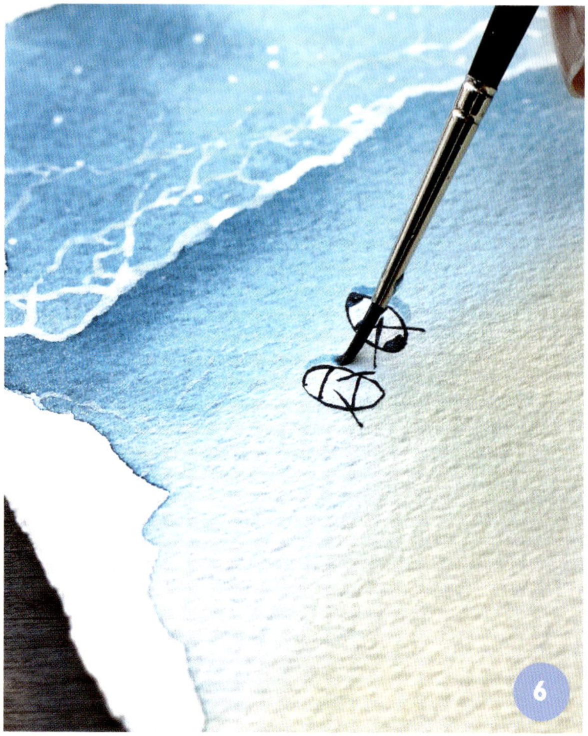

SCHRITT 5: Die beiden kleinen Boote geben deinem Bild einen idyllischen Blickfang. Man möchte meinen, dass du und ein Freund oder eine Freundin die beiden einzigen Menschen an diesem herrlichen, versteckt gelegenen Strand sind.

Mit dem Pinsel Nr. 0, der noch mit Titanweiß gefüllt ist, zwei kleine ovale Formen in den Grenzbereich zwischen Meer und Strand malen. Gut trocknen lassen. Die Acrylfarbe sorgfältig aus dem dünnen Pinsel auswaschen, da er noch zum Ausarbeiten der Boote benötigt wird. Mit diesen beiden kleinen Booten kannst du spielerisch umgehen. Vielleicht möchtest du Kajaks malen oder dich nur auf ein Boot beschränken. Wenn du weitere Acryl- oder Gouachefarben zur Verfügung hast, könntest du die Boote in kräftigen, deckenden Farben malen oder noch bunte Strandtücher hinzufügen.

SCHRITT 6: Nun fehlen noch einige finale Details.

Mit dem Pinsel Nr. 0 und dunklem Indigo die Konturen der Boote nachziehen, die Sitzbank in der Mitte mit einigen Strichen andeuten und die Ruder hinzufügen. Für die Schatten der Boote ein helles Indigo verwenden. Fertig ist das Strandmotiv mit niedlichen Booten.

Tritt zurück, betrachte dein Bild und stell dir die warme, salzige Meeresbrise vor. Ich hoffe, dass das Üben der Mischtechnik und die sich wiederholenden Bewegungen beim Malen des Meeresschaums dir zu einem Gefühl der Ruhe und Achtsamkeit verholfen haben.

Nacht am ruhigen Meer

Japan wird gemeinhin nicht mit Strandurlaub assoziiert, dabei haben die Yaeyama-Inseln im Südwesten Japans ausgesprochen schöne Küsten. Ich hatte die Gelegenheit, die kleine Insel Ishigaki-jima in der Präfektur Okinawa zu besuchen, und ich fand sie paradiesisch. Die weichen Sandstrände und das azurblaue Wasser boten mir eine dringend benötigte und sehr belebende Abwechslung zum Leben in einer Großstadt wie Osaka. Wenn du den Farbfluss auf diesem Bild beobachtest, wirst du ein Gefühl der Ruhe empfinden, das nur die Stille der Nacht hervorzurufen vermag.

Material

- Indigo
- Acrylfarbe Titanweiß (1:4 mit Wasser verdünnt)
- Weicher Rundpinsel Nr. 8
- Synthetik-Rundpinsel Nr. 2

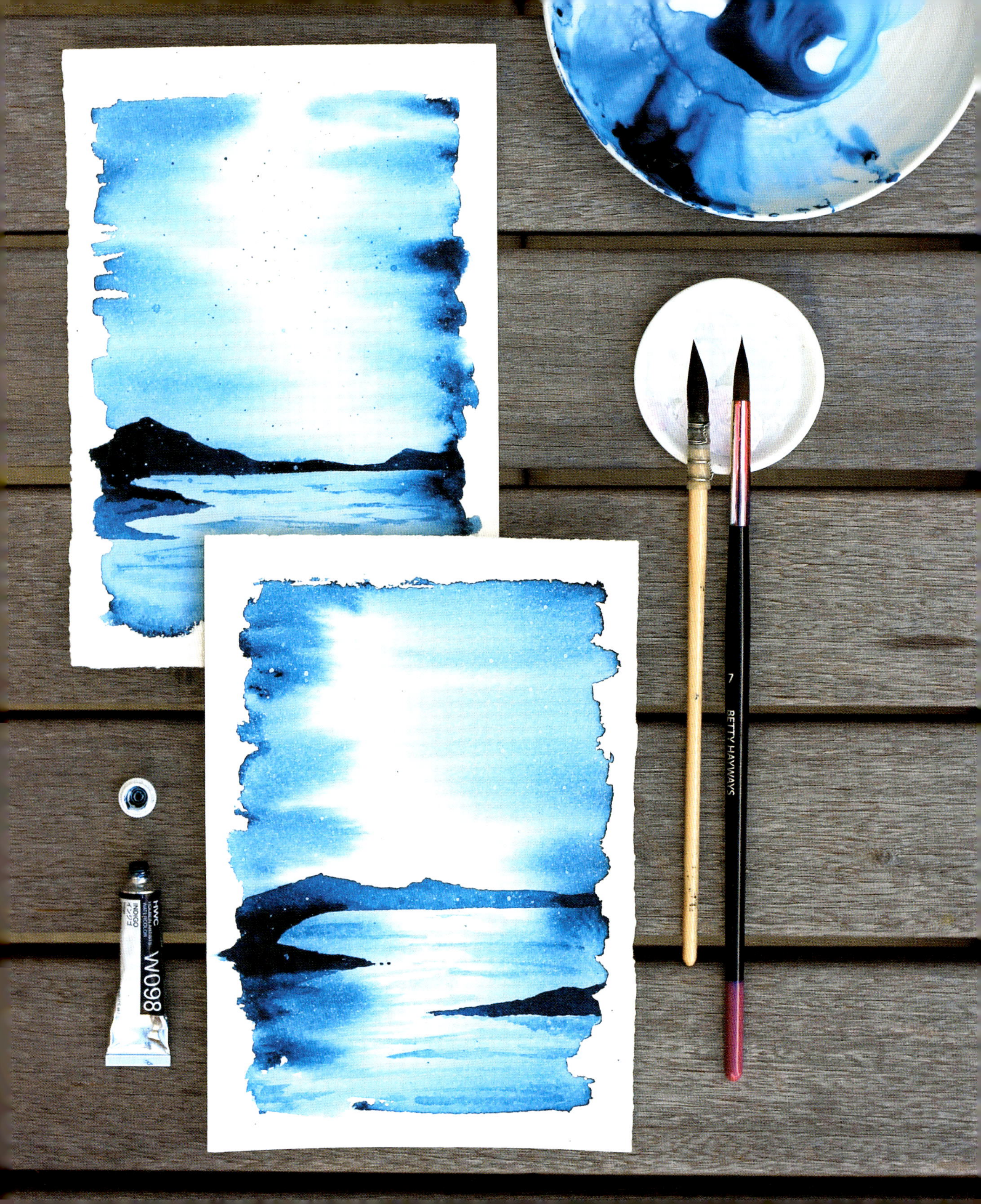
7
BETTY HAYWAYS
W098

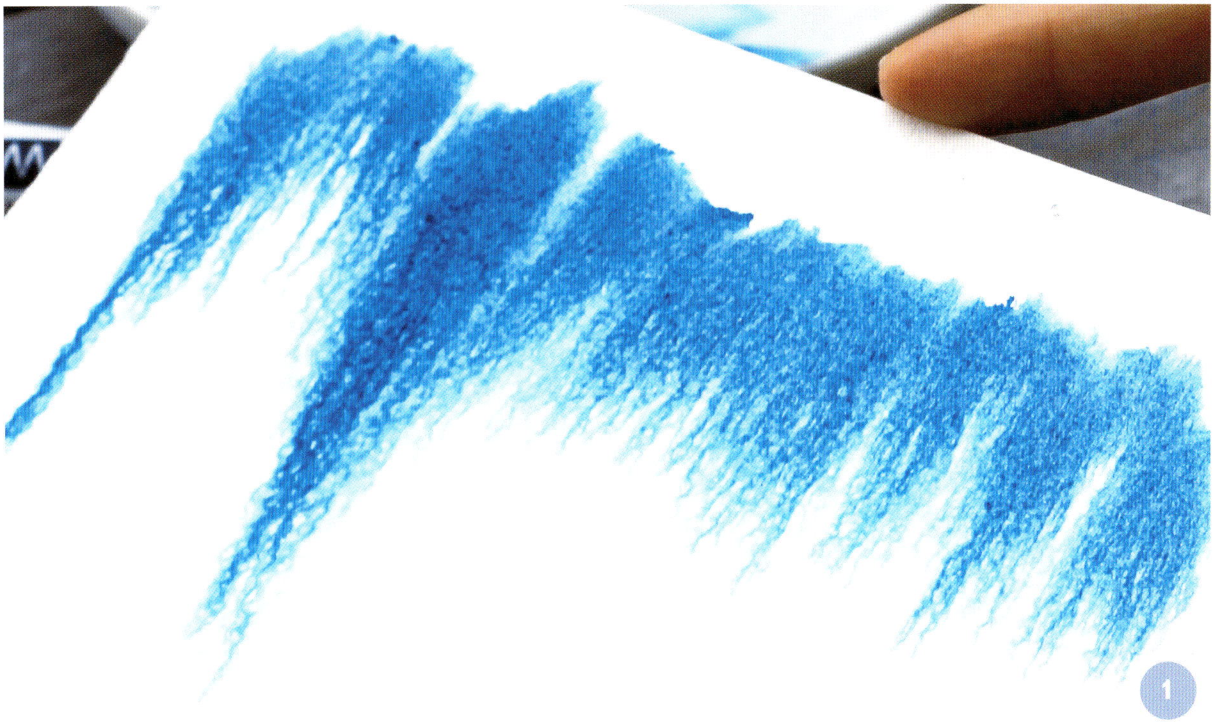

Dieses Motiv wird teilweise nass in nass und teilweise nass auf trocken gemalt. Außerdem üben wir zusätzlich eine Sprenkeltechnik.

SCHRITT 1: Das Papier anfeuchten, bis es glänzt. Dabei ringsherum einen gut 1 cm breiten Rand trocken lassen, damit du das Papier zwischendurch anfassen kannst. Außerdem gibt der Rand der Komposition eine lockere Wirkung und einen Rahmen. Mit dem Rundpinsel Nr. 8 reichlich dunkles Indigo aufnehmen und an der rechten langen Kante des nassen Bereichs auftragen. Das Papier so neigen, dass die Farbe nach links verläuft.

Nimm dir einen Moment Zeit, um der langsam ins Papier sickernden Farbe zuzuschauen. Atme tief durch, verfolge den Weg der Farbe, nimm deinen Gemütszustand wahr und lass alles los, was dir im Moment nicht nützlich ist. Das dauert nur wenige Sekunden.

Hinweis: Ich trage die Farbe ungleichmäßig an beiden Rändern auf. In der Mitte bleibt das Papier heller, um das einfallende Mondlicht darzustellen. In der Aquarellmalerei dient das weiße Papier oft als Lichtquelle oder Reflexionsbereich.

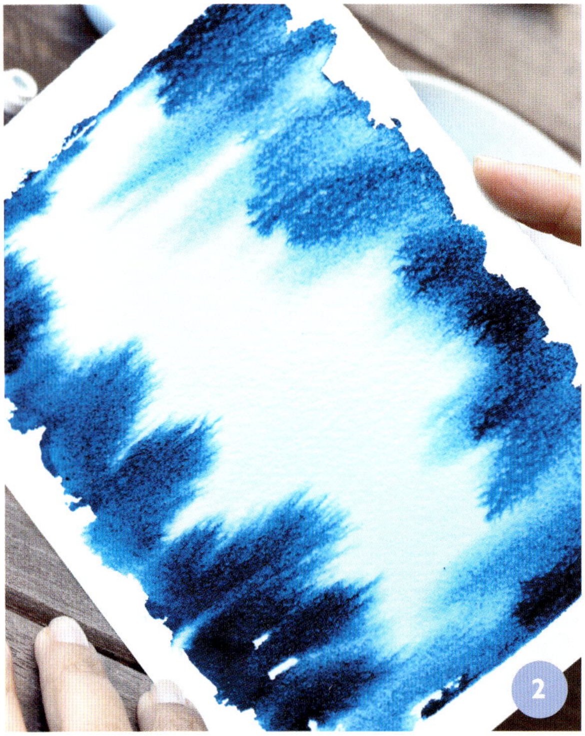

SCHRITT 2: Solange das Papier nass ist, den Vorgang an der linken langen Kante wiederholen. Das Papier wieder neigen und die Farbe gen Mitte fließen lassen – aber nur so weit, dass der mittlere Bereich heller bleibt. Später sieht es so aus, als würde hier Licht durch die Wolken fallen.

Tipp: Du kannst auf das nasse Papier noch an verschiedenen Stellen Tupfer mit dunklem Indigo setzen, um den Himmel oder die Wasseroberfläche abwechslungsreicher zu gestalten.

Wenn du mit dem »Licht« in der Mitte zufrieden bist, lege das Bild zum Trocknen flach hin.

SCHRITT 3: Jetzt folgen die Berge, die sich in der Ferne über dem Horizont erheben.

Mit dem Synthetik-Rundpinsel Nr. 2 dunkles Indigo aufnehmen und eine Wellenlinie quer über das Papier malen. Das ist die obere Kontur der Bergkette. Ihre untere Kontur wird durch einen relativ geraden Strich dargestellt, um eine klare Trennung zwischen Land und Wasseroberfläche zu erhalten.

Wenn der Berg fertig ist, werden kleine Wellen auf die Wasseroberfläche gemalt, um sie lebendiger wirken zu lassen.

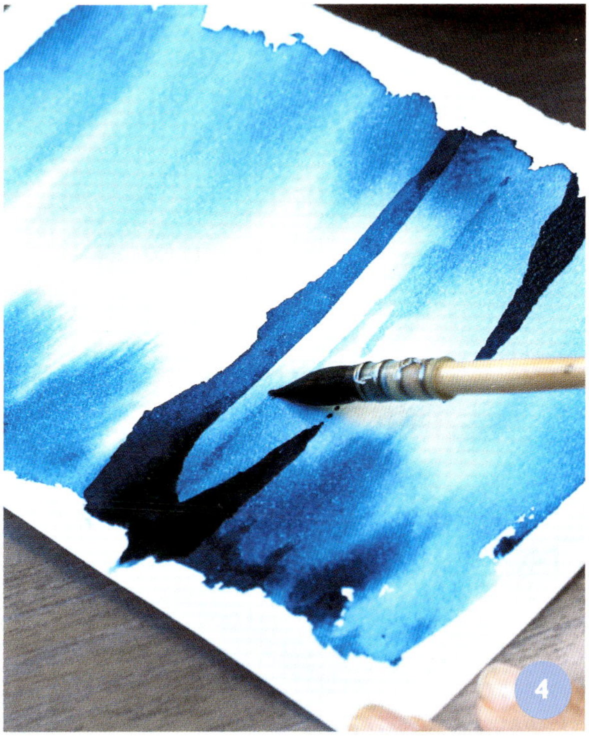

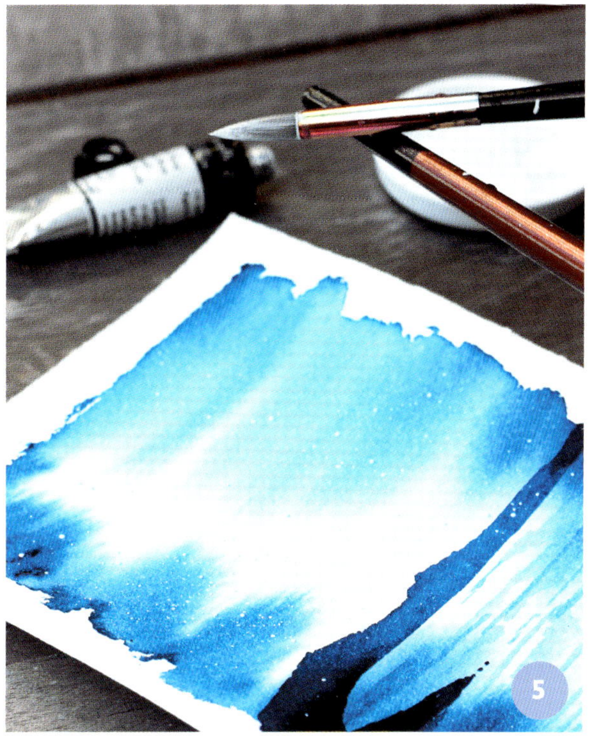

SCHRITT 4: Mit dem weichen Pinsel sehr stark verdünntes Indigo aufnehmen. Die Wellen mit ganz lockerer Hand und waagerechten Bewegungen auf das Wasser malen. Einige Minuten trocknen lassen, dann das Bild begutachten. Wenn du möchtest, kannst du jetzt im unteren Bereich des Bilds mit dunklem Indigo weitere Berge oder Landzungen hinzufügen. Dadurch wird die räumliche Tiefenwirkung des Bilds verstärkt.

Im fünften und letzten Schritt werden mit verdünntem Titanweiß die Sterne am Himmel gestaltet. Sie sorgen für die märchenhafte Stimmung.

SCHRITT 5: Mit dem Synthetikpinsel Nr. 8 Acrylfarbe in Titanweiß aufnehmen. Den Pinsel etwa 20 cm über das Bild halten und mit einem anderen Pinsel auf seinen Stiel klopfen, sodass weiße Farbe auf das Bild spritzt. Probiere die Technik zuerst auf Schmierpapier aus, um die richtige Verdünnung zu finden. Erwünscht sind winzige Spritzer, keine dicken Kleckse.

Hinweis: Es ist wichtig, hierfür einen Synthetikpinsel zu verwenden, weil die Borsten die Farbe besser halten. Dadurch entstehen beim Spritzen kleine, gleichmäßige Tröpfchen. Mit einem weichen Pinsel entstehen größere Kleckse, die nicht wie Sterne aussehen.

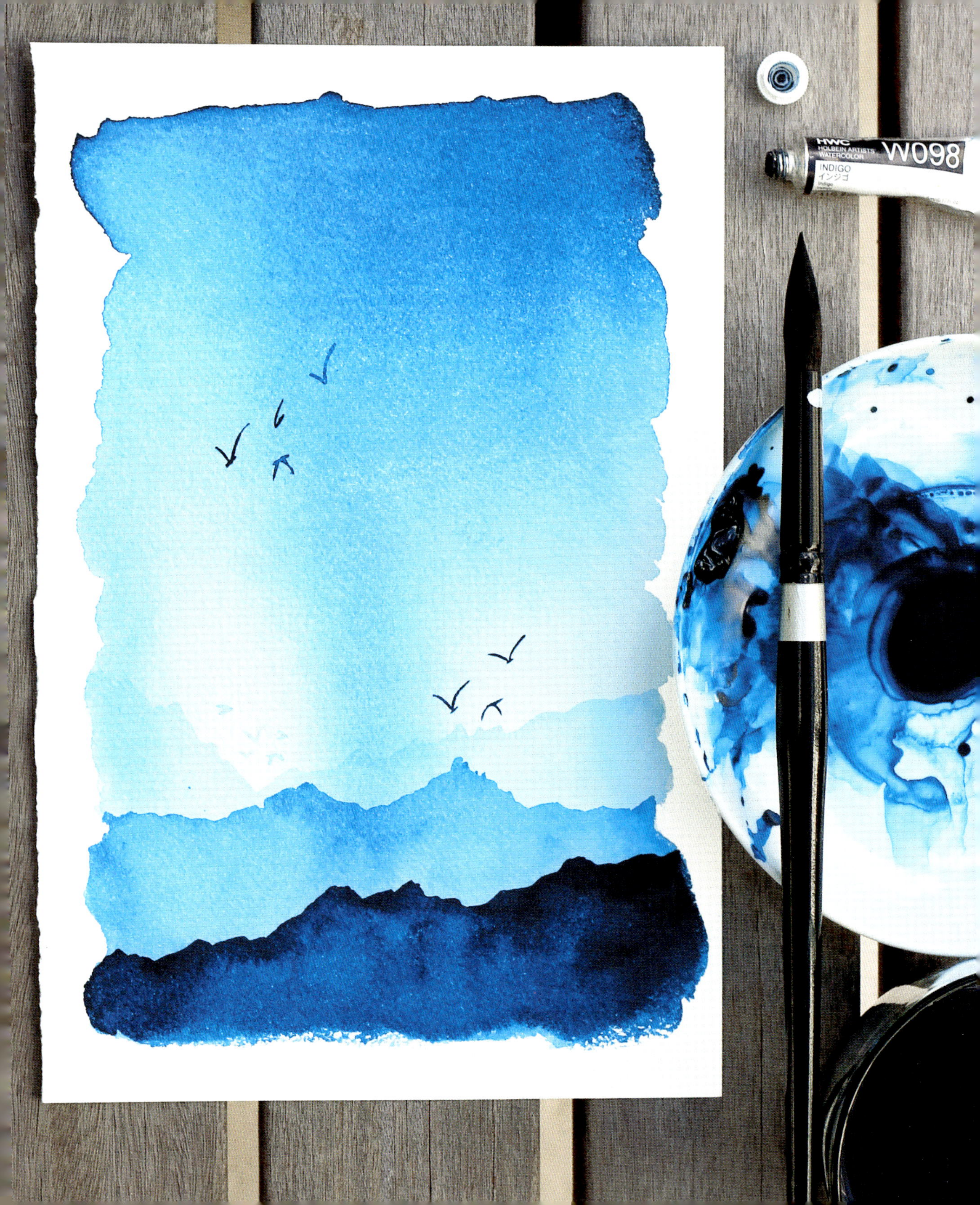
HWC
HOLBEIN ARTISTS' WATERCOLOR
W098
INDIGO
インジゴ

Berge im Regen

Mein Besuch in Mianshan in der zentralen Provinz Shanxi im Norden Chinas fühlte sich an, als würde ich 2000 Jahre in die Vergangenheit reisen. Ein paar Minuten auf der Galerie eines in die Berge eingebetteten Tempels zu sitzen und auf die herrliche Bergkette zu blicken, während sich der Nebel langsam auflöste, war intim, friedlich und überwältigend zugleich.

Dieses Projekt soll den Moment der Stille und Achtsamkeit einfangen, den man beim Betrachten der makellosen Perfektion der Natur empfinden kann. Einer der faszinierendsten Aspekte eines Landschaftsgemäldes ist die Tiefenwirkung, die sich auf einem flachen Blatt Papier erzielen lässt. Das gelingt ganz einfach, indem man die Objekte im Hintergrund sehr weich und diffus gestaltet und zum Vordergrund hin Farbtiefe und Konturschärfe erhöht.

Material

- Indigo
- Weicher Rundpinsel Nr. 10
- Weicher Rundpinsel Nr. 4
- Weicher Rundpinsel Nr. 1

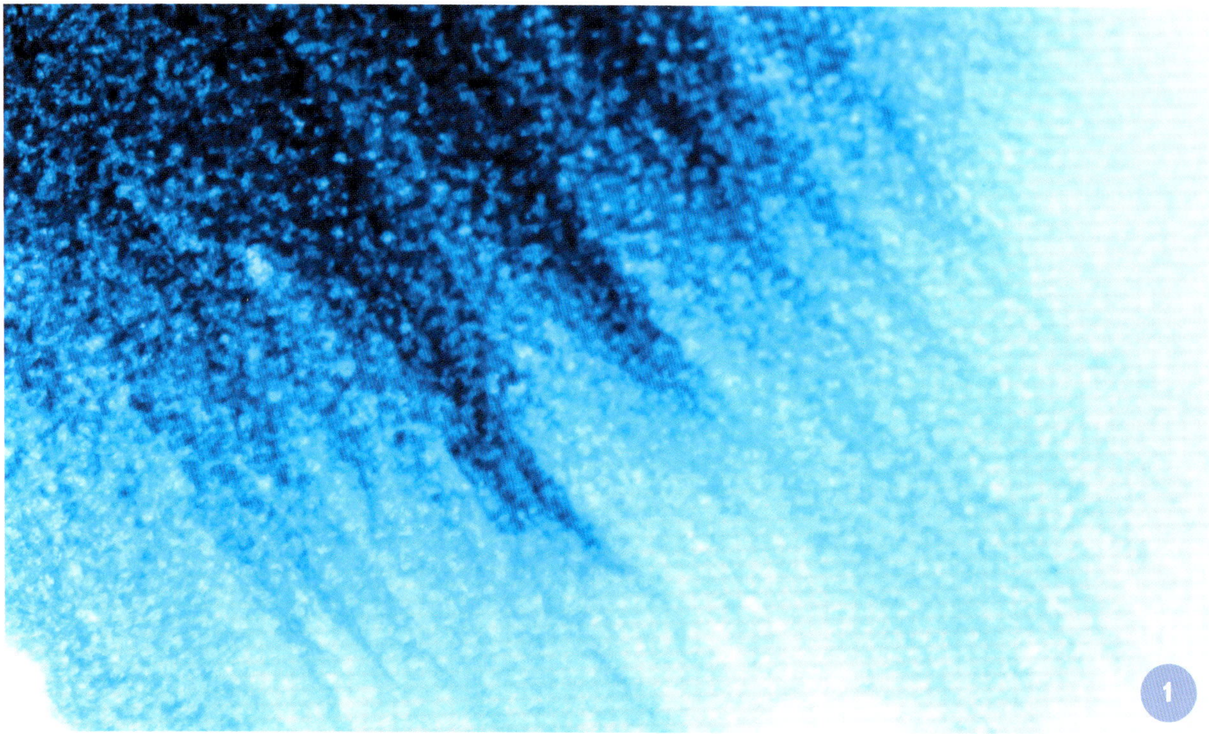

Dieses monochrome Motiv wird nass in nass gemalt. Außerdem wirst du dich intensiver mit den Tonwerten beschäftigen.

Ganz wichtig ist, vor dem Malen das Indigo in dunklem Tonwert vorzubereiten. Später ist dafür keine Zeit, weil das Papier nicht trocknen darf.

SCHRITT 1: Die vorbereitete Farbe bereitstellen und die Papieroberfläche mit einem weichen Rundpinsel Nr. 10 mit klarem Wasser anfeuchten, bis es glänzt. Sofort mit demselben Pinsel das dunkle Indigo waagerecht am oberen (kurzen) Bildrand auftragen. Das Papier neigen und die Farbe in die oberen zwei Drittel der Bildfläche verlaufen lassen. Das ist ein Schritt, den ich beim Malen besonders gern mag. Ich finde es enorm beruhigend, der Farbe beim Verlaufen zuzuschauen. Um die »regnerische« Atmosphäre darzustellen, ist es wichtig, das Papier einige Male auf und ab zu neigen, aber nicht seitlich zu kippen. Wenn die Farbe nicht mehr fließt, kann das Bild zum Trocknen flach abgelegt werden.

Hinweis: Ich klebe die Ränder meine Aquarelle nicht ab, weil ein gerader Rand den Eindruck vermittelt, es sei Präzision gefordert. Das kann Stress verursachen, vor allem, wenn ein Bild am Ende nicht so ausfällt, wie ich es mir vorgestellt hatte. Bei der Aquarellmalerei geht es mir mehr darum, loszulassen und zu erleben, wie Farbe und Wasser ihren Zauber entfalten. Einfach geschehen lassen!

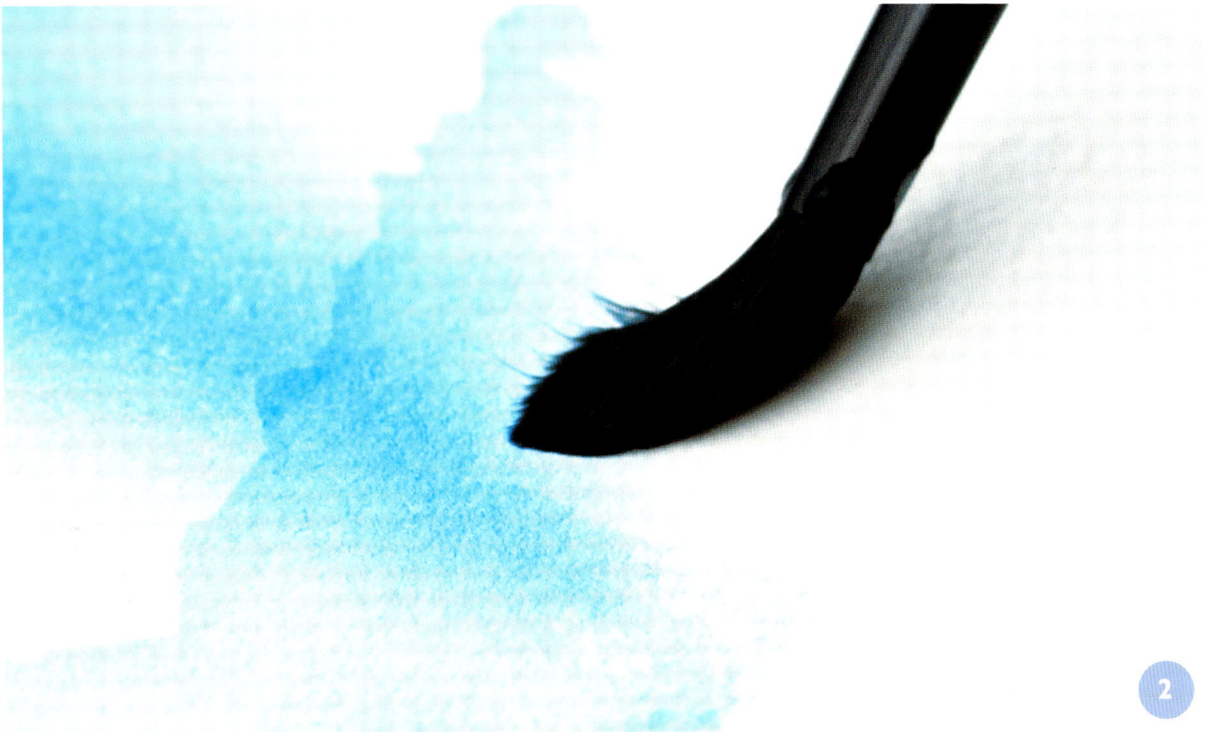

2

SCHRITT 2: Wenn das Papier ganz getrocknet ist, werden die Berge nass auf trocken gemalt. Um Dreidimensionalität zu schaffen, beginnen wir mit den hellsten Tonwerten und arbeiten uns zu den dunkleren vor.

Damit die Berge weit entfernt wirken, müssen sie einen sehr hellen Tonwert haben. Du brauchst für diesen Schritt einen separaten Teller, um die Farbe bis zur gewünschten Helligkeit zu verdünnen. Nimm etwas von der Farbe, die du im ersten Schritt verwendet hast, und füge so viel Wasser hinzu, dass ein ganz blasses, weiches Indigo entsteht. Diese Farbe mit den Rundpinsel Nr. 4 aufnehmen und bei etwa einem Drittel der Bildhöhe eine ruckelige Linie quer über das Papier malen. Dann die Farbe weich nach unten verteilen. Dadurch entsteht eine Bergkette, die aussieht, als sei sie in Nebel oder Dunst gehüllt.

Hinweis: Dieser Schritt ist schwierig, weil wir zur Perfektion neigen. Vielleicht denkst du: »Eine Wellenlinie ist doch kein Berg!« Dann solltest du in diesem Schritt üben, deine Idealvorstellung von einem Berg loszulassen. Eine ruckelige Wellenlinie kann genau das Richtige sein!

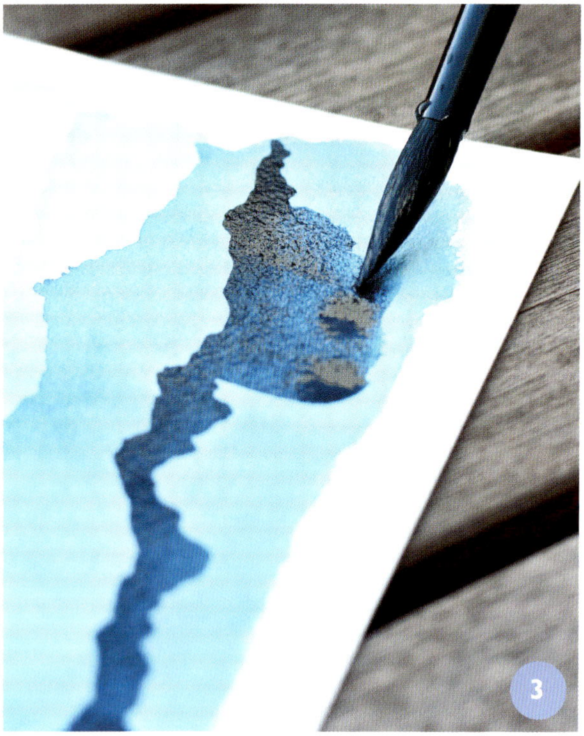

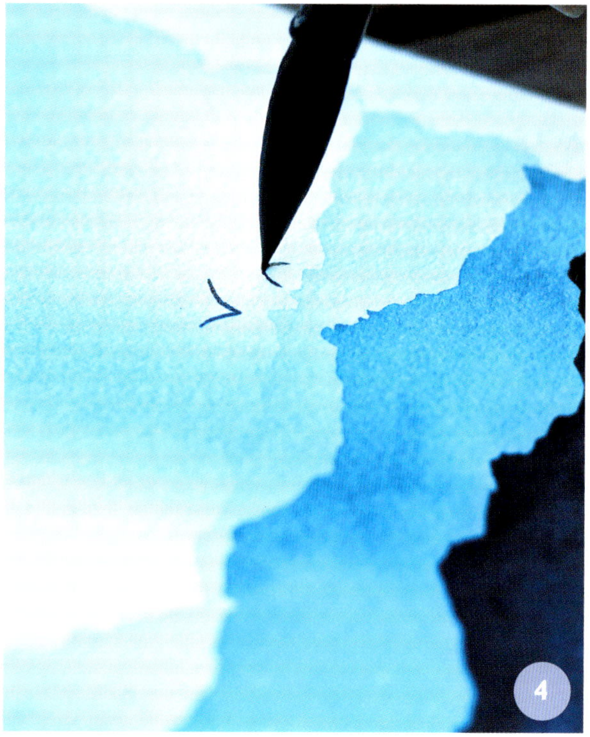

SCHRITT 3: Jetzt werden die dunkleren Tonwerte ausgearbeitet, um die räumliche Tiefenwirkung zu verstärken.

Den ersten, hellsten Berg vollständig trocknen lassen. Etwas Indigo zu der blassen Mischung geben, um einen mittleren Tonwert zu erhalten. Mit dieser Farbe und demselben Pinsel nun die zweite Bergkette malen. Du kannst an der anderen Seite des Papiers beginnen und andere Gipfelkonturen malen, denn diese Bergkette soll etwas anders aussehen als die erste. Dann noch etwas mehr Indigo zu der Farbe geben, um einen möglichst dunklen Tonwert zu erhalten. Wichtig ist aber, dass auch diese Farbe gut fließt. Mit dem dunkelsten Ton die dritte Bergkette malen. Wenn du möchtest, kannst du auch mehr Berge malen. Wichtig ist, mit dem hellsten Tonwert in der Ferne zu beginnen und dann schrittweise dunklere Tonwerte zu verwenden, wenn du dich optisch dem Vordergrund näherst.

SCHRITT 4: Zuletzt kommen die Details an die Reihe, die das Bild zu einem stimmigen Ganzen machen.

Es gibt nichts Schöneres als ein paar kleine Vögel, die in der Weite der Gebirgslandschaft umherfliegen, die Mutter Natur so majestätisch gestaltet hat.

Die Vögel, die am weitesten entfernt sind, klein und mit dem hellsten Blauton malen. Vögel, die dem Betrachter näher sind, werden etwas größer und mit dem dunklen Blauton gemalt. Nimm einfach den weichen Rundpinsel Nr. 1 und male V-Formen mit gekrümmten Seiten in den Himmel. Ich ordne Vögel gern in kleinen Gruppen von drei oder vier Tieren an, weil sie auch in der Natur oft in Gruppen oder Schwärmen unterwegs sind. Durch die kleinen Vögel entsteht der Eindruck, als würden in diesem wunderschönen, diesigen Wald gewiss auch noch andere Tiere leben.

Ich hoffe, du konntest dich auf das magische Zusammenspiel von Wasser und Farbe einlassen. Denke daran, beim Malen deine vorgefassten Ideen loszulassen. Erlaube dem Bild, sich eigenständig zu entwickeln, und erfreue dich an dem, was dabei entsteht.

Skyline bei Sonnenuntergang

Wenn ich nach einem langen Arbeitstag nach Hause komme, mache ich mir am liebsten einen Tee, ziehe meine bequeme Jogginghose an, gehe auf meinen Balkon und beobachte, wie die Welt langsam mit mir zur Ruhe kommt. Die Sonne, die allmählich hinter den Bergen oder hohen Gebäuden untergeht, malt eine wunderbare Palette leuchtender Farben an den Himmel, während die Beleuchtung der Gebäude nach und nach die Skyline erhellen. Ich könnte stundenlang so sitzen und mir die Menschen vorstellen, die zu ihren Familien nach Hause kommen, oder die Jogger am Flussufer beobachten.

In diesem Projekt malst du einen ausdrucksstarken und dennoch ruhigen Sonnenuntergang in einer Stadt deiner Wahl.

Material

- Kadmiumgelb
- Kadmiumrot Orange
- Dunkelviolett
- Indigo
- Synthetik-Flachpinsel Nr. 8
- Synthetik-Flachpinsel Nr. 2

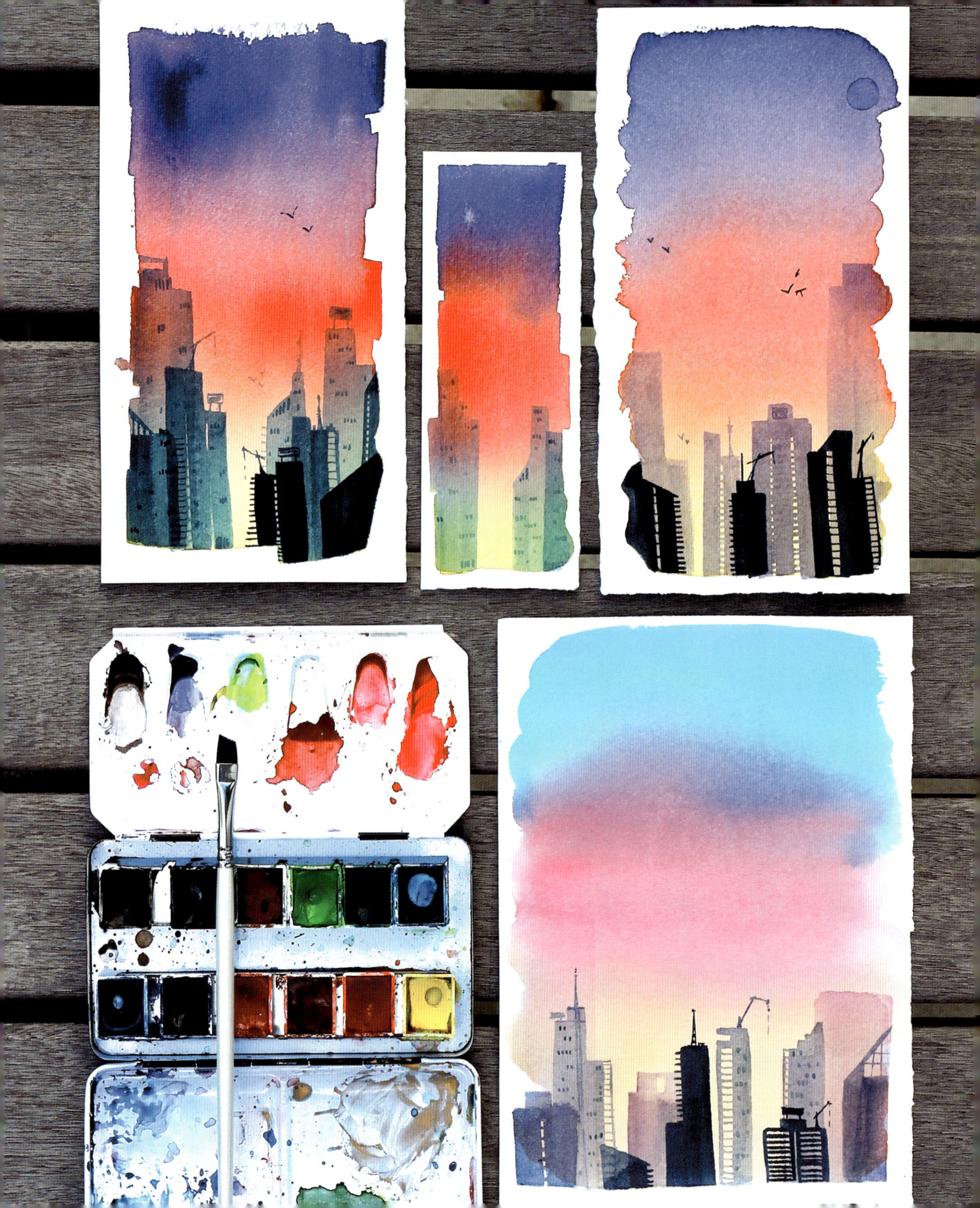

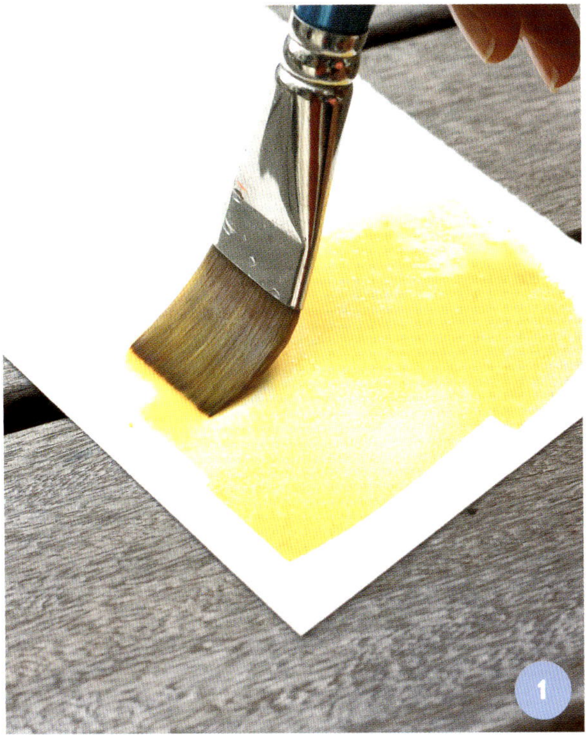

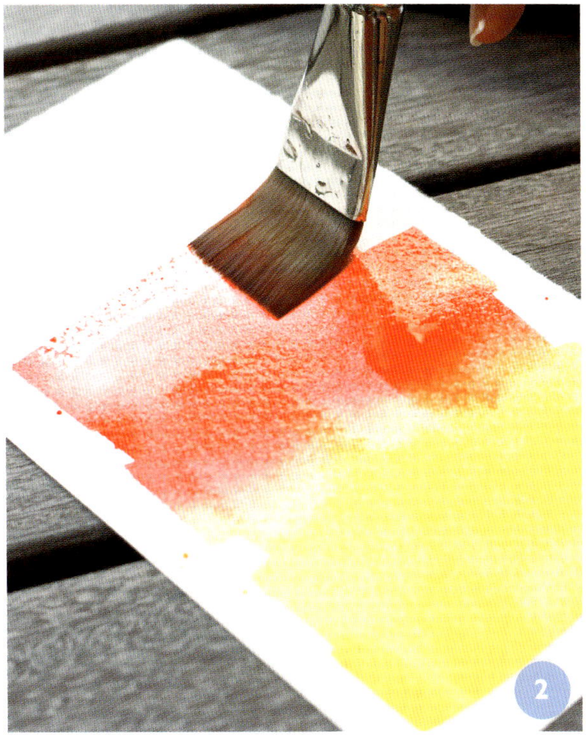

Hinweis: Dieses Bild wird im Hochformat gemalt, um dem Himmel viel Raum zu geben und trotzdem genug Platz für die Gebäude zu haben.

Gemalt wird nass auf trocken, damit die Farben ihre Leuchtkraft behalten und nicht blass oder gedämpft erscheinen. Aquarellfarben werden beim Trocknen heller. Bei diesem Motiv ist es wichtig, etwas verdünnte Farbe griffbereit zu haben, um fließende Übergänge zwischen den Farben zu gestalten.

Der dreifarbige Hintergrund wird in drei Schritten gemalt. Es ist entspannend, den Farben zuzuschauen, wie sie auf dem Papier ineinanderlaufen. Verliere dich im Fluss der Farben und beobachte, wie sie sich eigendynamisch vermischen.

SCHRITT 1: Zuerst den Himmel von unten nach oben mit konzentriertem Kadmiumgelb malen. Mit dem Synthetik-Flachpinsel die Farbe auf das untere Drittel des trockenen Papiers mit waagerechten Strichen auftragen.

SCHRITT 2: Den Pinsel mit klarem Wasser auswaschen und ein schwach verdünntes Kadmiumrot Orange aufnehmen. Damit wird der mittlere Bereich des Papiers bemalt. Die Farbe leicht in den gelben Bereich hinein verwischen.

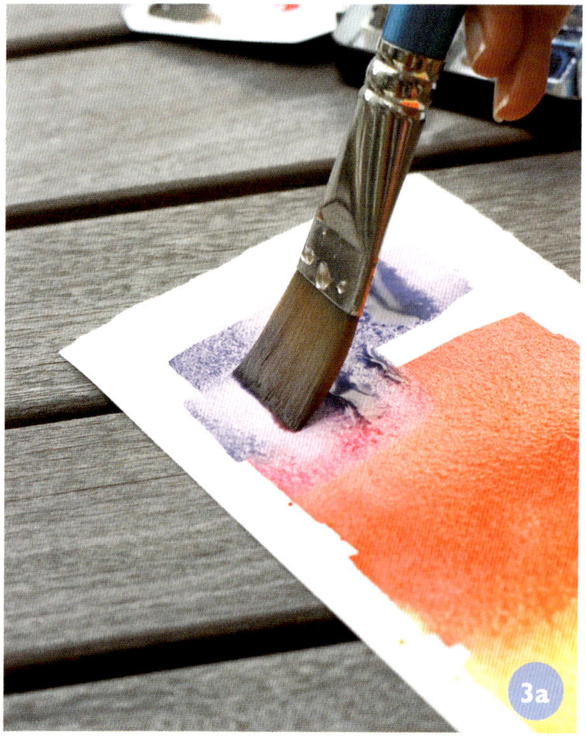

SCHRITT 3: Den Flachpinsel wieder auswaschen und Dunkelviolett aufnehmen. Den oberen Bereich des Papiers wie zuvor mit waagerechten Strichen bemalen. Dabei überlagern einige Pinselstriche den orangefarbenen Bereich in der Mitte.

Um einen weichen Übergang der Farben zu erhalten, das Papier hin und her kippen und neigen, damit die Farben ineinander verlaufen. Nicht zu viel mit dem Pinsel am Farbübergang arbeiten, sonst können schmuddelige Mischfarben entstehen. Die Farben vollständig trocknen lassen. Dazu das Papier flach ablegen, damit sich die Pigmente eigenständig setzen und verbinden können.

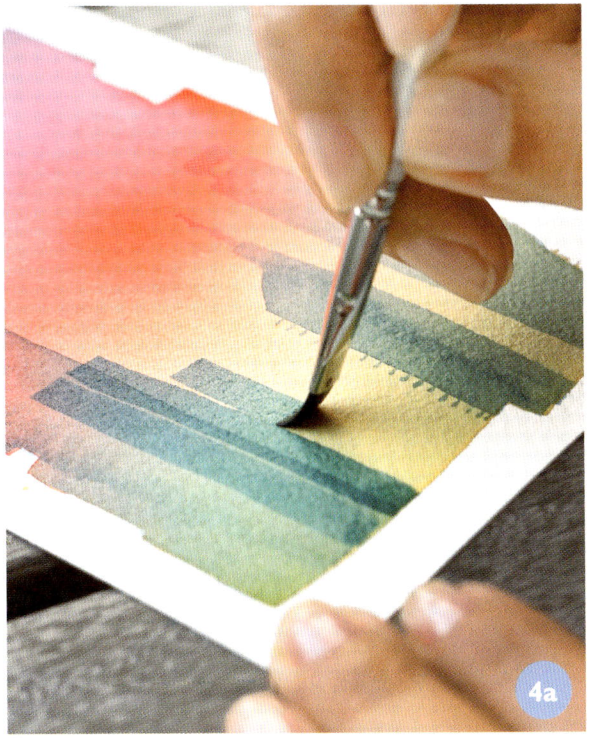

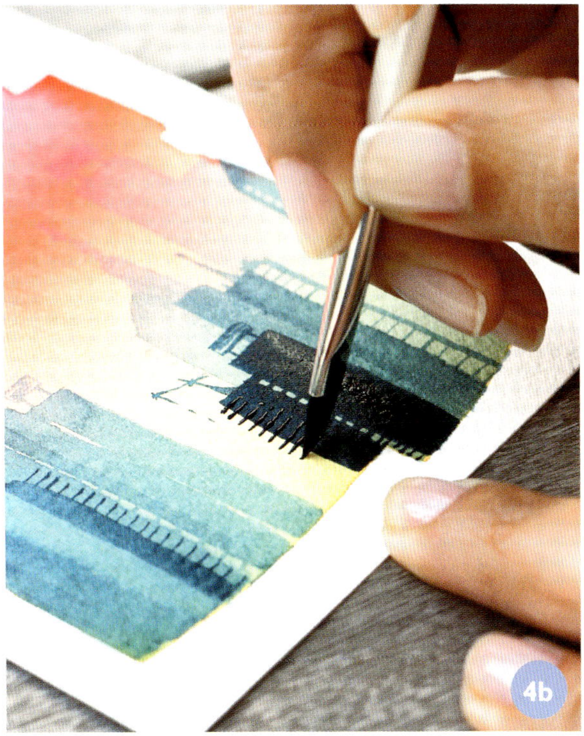

SCHRITT 4: Nun wird die Skyline in drei Schichten gemalt. Die hellste Schicht stellt die entfernten Gebäude dar, zum Betrachter hin werden die Tonwerte allmählich dunkler.

Mit einem sehr blassen Indigo und dem schmaleren Synthetik-Flachpinsel lange Rechtecke malen, die wie Hochhäuser aussehen. Manche können breiter sein, manche niedriger, und einige können ein schräges Dach haben.

Tipp: Etwas Platz zwischen den Gebäuden lassen, damit die Farben des Himmels noch sichtbar bleiben.

Diesen Schritt noch zweimal wiederholen, dabei die Farbe jeweils mit mehr Indigo abdunkeln. Zwischendurch muss jede Schicht vollständig trocknen.

Damit diese Formen wirklich wie Gebäude aussehen, fehlen noch Balkone, Aufbauten, Fenster und vielleicht sogar ein Baukran. Aber keine Sorge, dafür muss man kein Architekturgenie sein. Ein Eindruck genügt, damit das Bild lebendig wirkt. Je einfacher die Formen, umso besser.

Dieser Schritt kann sehr entspannend sein. Du malst einige Minuten lang konzentriert und meditativ identische, sich wiederholende Formen.

Balkone gelingen am besten, wenn du den Flachpinsel mit seiner geraden, schmalen Kante auf das Papier setzt (siehe Foto).

SCHRITT 5: Um organisches Leben ins Bild zu bringen, fehlen noch einige Vögel, dazu erleuchtete Fenster als Hinweis auf die Bewohner. Mit der Spitze des Pinsels einige kleine Striche auf die Gebäude im Hintergrund malen, um Fenster anzudeuten. Für die Vögel genügen kleine geschwungene V-Formen.

Entscheide selbst, wie und vor allem wie viele Details du einfügen möchtest, und verliere dich dann in dem schönen Sonnenuntergangsmotiv, das du geschaffen hast.

Tief im Wald

Als kreativer Mensch ist mir der Kontakt zur Natur sehr wichtig. Eine meiner denkwürdigsten Erfahrungen war eine achtstündige Wanderung mit meinem Neffen vom Fuß des heiligen Bergs Fuji zur Station Nr. 5. Der Weg durch den dichten Wald war eine so eindrucksvolle Erfahrung, dass ich dieses Gefühl der intensiven Verbundenheit mit der Natur in einem Bild festhalten wollte.

In diesem Projekt wirst du eine magische Landschaft erschaffen, in der du dich verlieren und ein Gefühl der Einheit mit der Natur finden kannst. Gemalt wird sowohl nass in nass als auch nass auf trocken. Du wirst dich dabei auf botanische Details konzentrieren, die du in früheren Projekten gelernt hast, beispielsweise beim herbstlichen Kranz (Seite 49) oder beim Tag am Strand (Seite 55).

Material

- Kadmiumgelb
- Indigo
- Weicher Rundpinsel Nr. 16
- Weicher Rundpinsel Nr. 8
- Synthetik-Rundpinsel Nr. 1

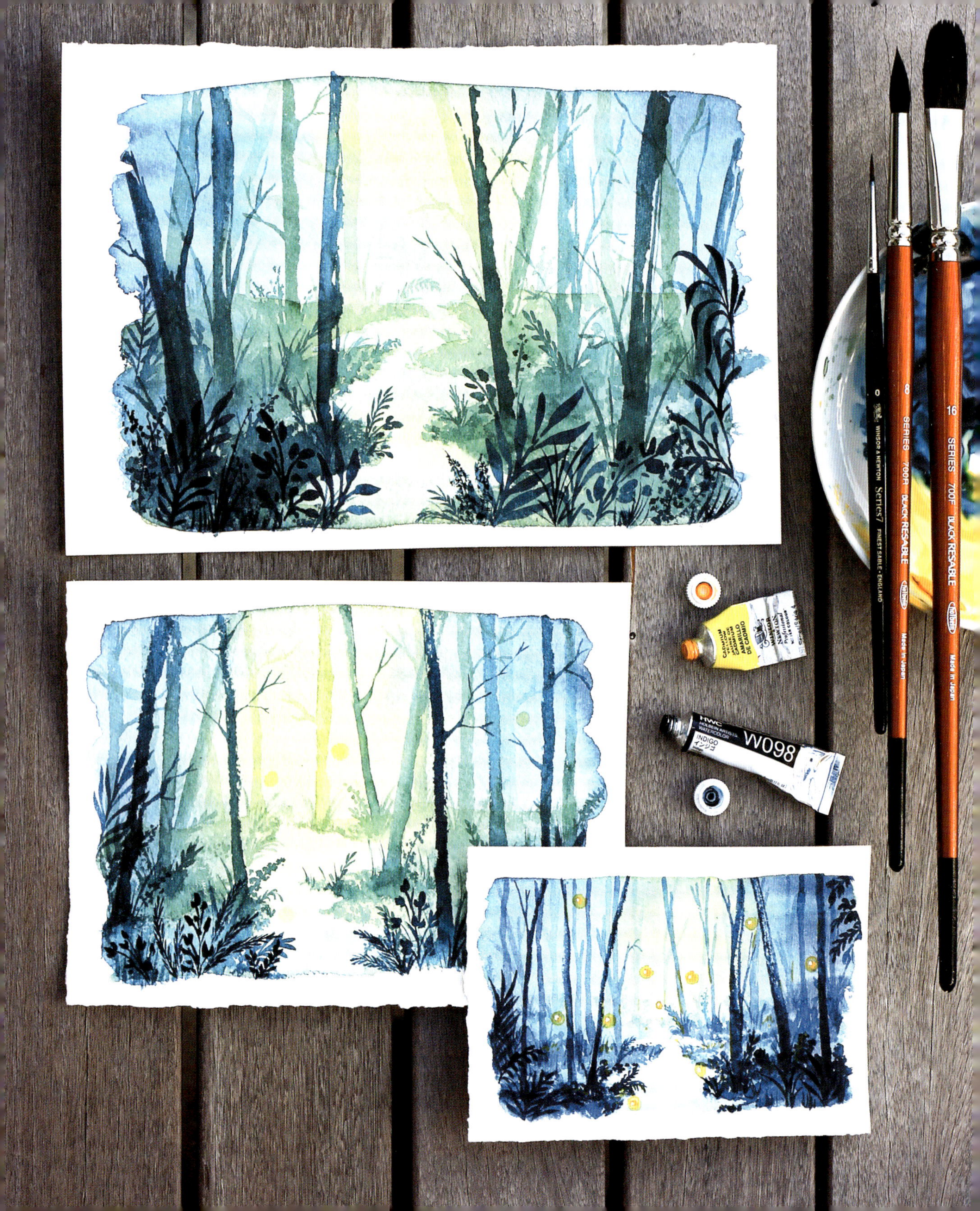

WINSOR & NEWTON Series 7
SERIES 700F BLACK RESABLE
Made in Japan
W098
INDIGO

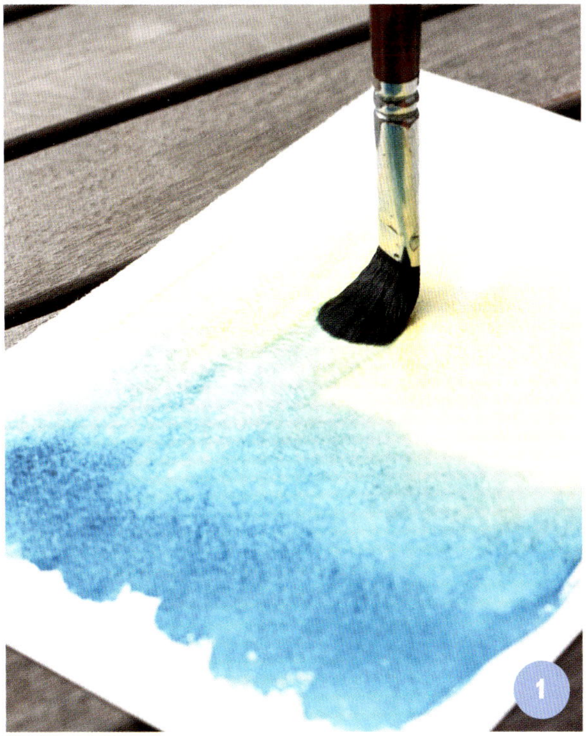

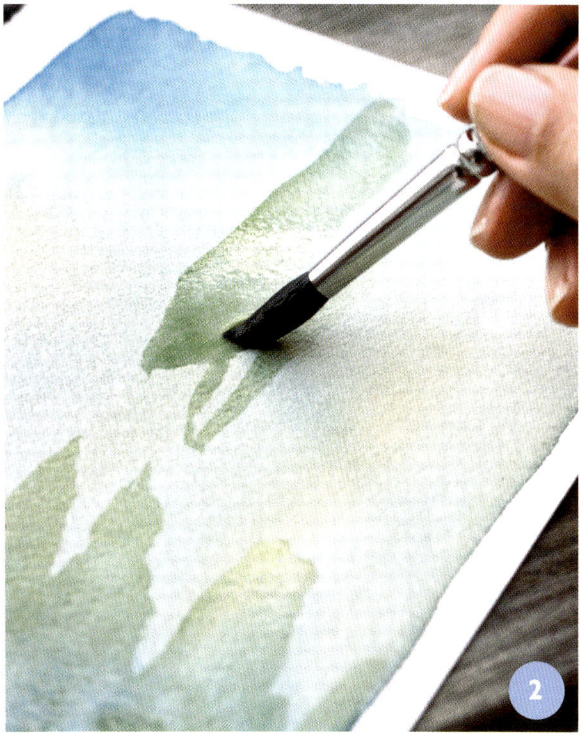

SCHRITT 1: Der Hintergrund wird mit sehr blassen Farben eingefärbt, um Dunst anzudeuten und die räumliche Wirkung vorzubereiten.

Auf dem trockenen Papier (Querformat) ein blasses, stark verdünntes Kadmiumgelb mit dem Pinsel Nr. 16 mit weichen, waagerechten Strichen im mittleren Bereich verteilen, aber nicht bis an die Papierränder. Den Pinsel sofort auswaschen und ein stark verdünntes Indigo aufnehmen. Den linken und rechten Bereich des Papiers damit lasieren. Die Farbe reicht bis an das noch nasse Gelb heran, überlagert es aber (noch) nicht.

Die Farben mit wenigen Pinselstrichen ineinander verwischen, dann alles trocknen lassen.

SCHRITT 2: Für den Waldboden werden etwas andere Farben und Tonwerte verwendet.

Das sanfte Grün für den Waldboden vorbereiten. Dafür zwei Teile helles Kadmiumgelb und ein Teil helles Indigo mischen. Sobald der Hintergrund trocken ist, mit dem Pinsel Nr. 8 diesen grünen Mittelton aufnehmen. Einen waagerechten Strich auf halber Höhe des Papiers ziehen, aber in der Mitte eine kleine Lücke lassen. Die Farbe weiter nach unten verteilen. In der Mitte des Papiers bleibt ein gezackter Bereich frei, der später wie ein Weg oder ein kleiner Bach erscheinen wird, der sich am Horizont verliert.

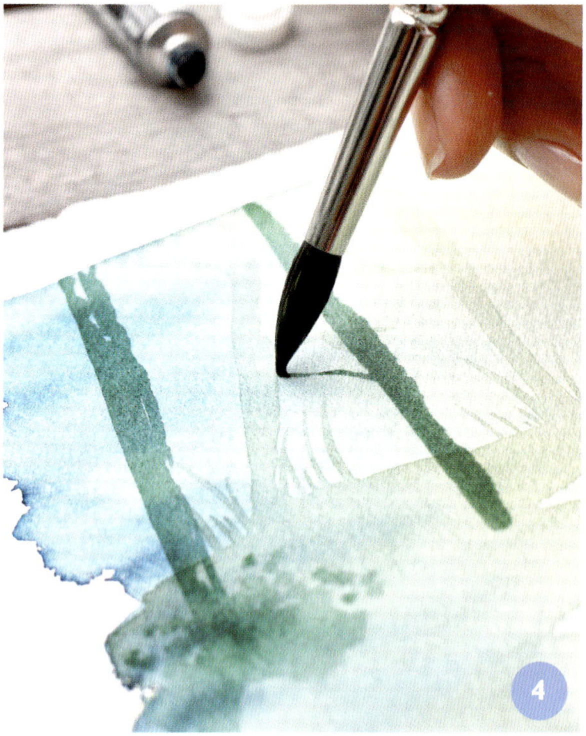

SCHRITT 3: Nun sind die Bäume im Hintergrund an der Reihe.

Solange die grüne Farbe noch feucht ist, mit demselben Pinsel und derselben Farbe einige Baumstämme malen, die sich aus dem soeben gemalten Waldboden erheben.

Hinweis: Bäume wachsen in den seltensten Fällen kerzengerade. Es ist also völlig in Ordnung, wenn die Stämme etwas schräg und ungleich dick sind.

SCHRITT 4: Male so viele Bäume, wie du möchtest. Überlagere sie und übe dabei den Umgang mit den verschiedenen Tonwerten.

Male mit demselben Pinsel drei oder vier weitere Bäume wie in Schritt 3, gib aber jedes Mal etwas mehr Indigo zur Farbmischung, um den Tonwert abzudunkeln.

Beim Malen der langen Baumstämme und der Äste wiederholen sich die Bewegungen ähnlich wie bei langen, weichen Blättern. Sei achtsam und versuche, den Rhythmus deiner Atmung auf die Pinselbewegungen abzustimmen, um einen Moment der Entspannung zu finden.

Bei jedem neuen Baumstamm kannst du auch den Boden ausarbeiten, indem du mit der Spitze des Pinsels Tupfer auf das Papier setzt oder durch zarte, senkrechte Striche mit dem dünnen Synthetikpinsel Nr. 1 Gräser andeutest. Ein paar Farbtupfer genügen schon, um urwüchsiges Unterholz darzustellen.

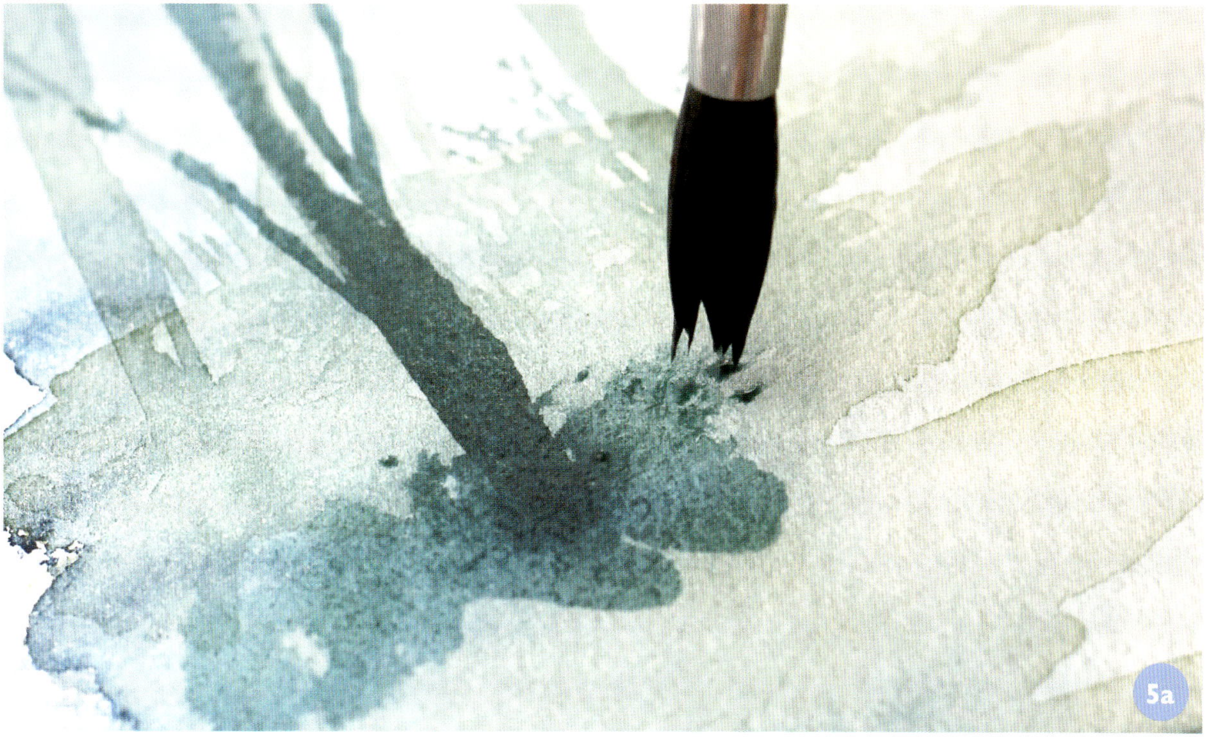

SCHRITT 5: Jetzt wird die räumliche Wirkung herausgearbeitet, die den Eindruck vermittelt, tatsächlich mitten in einem dichten Wald unterwegs zu sein.

Wenn Bäume und Erdboden vollständig getrocknet sind, mit dem Synthetikpinsel Nr. 1 dunkles Indigo aufnehmen und die Gräser und Blumen am unteren Bildrand malen. Du kannst dafür die abstrakten Blattformen verwenden, die du beim herbstlichen Kranz (Seite 49) oder bei den Blätter im Wind (Seite 19) gelernt hast. Denk daran, dass diese Pflanzen im Vordergrund größer gemalt werden müssen als die in weiterer Entfernung.

Die weichen, sich wiederholenden Pinselstriche bei der Fertigstellung dieses Bild bewirken, dass du dich entspannst und bereit für das nächste Abenteuer bist. Es muss nicht unbedingt eine achtstündige Wanderung sein …

Einige Kleckse, die locker auf der Bildfläche verteilt werden, können als Glühwürmchen dem Bild noch mehr Stimmung verleihen. Dafür mit dem Pinsel ein dunkles Kadmiumgelb aufnehmen. Den Pinsel etwa 20 cm über das Papier halten und mit einem anderen Pinsel auf seinen Stiel klopfen, sodass Farbkleckse auf das Papier fallen.

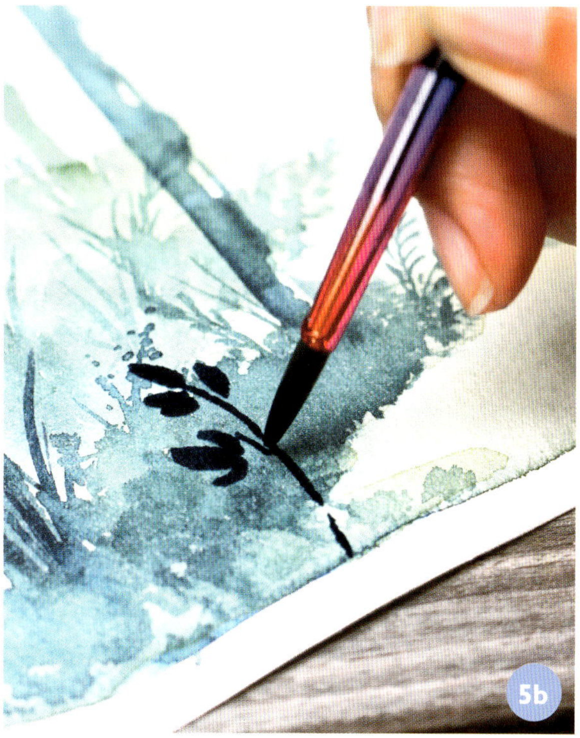

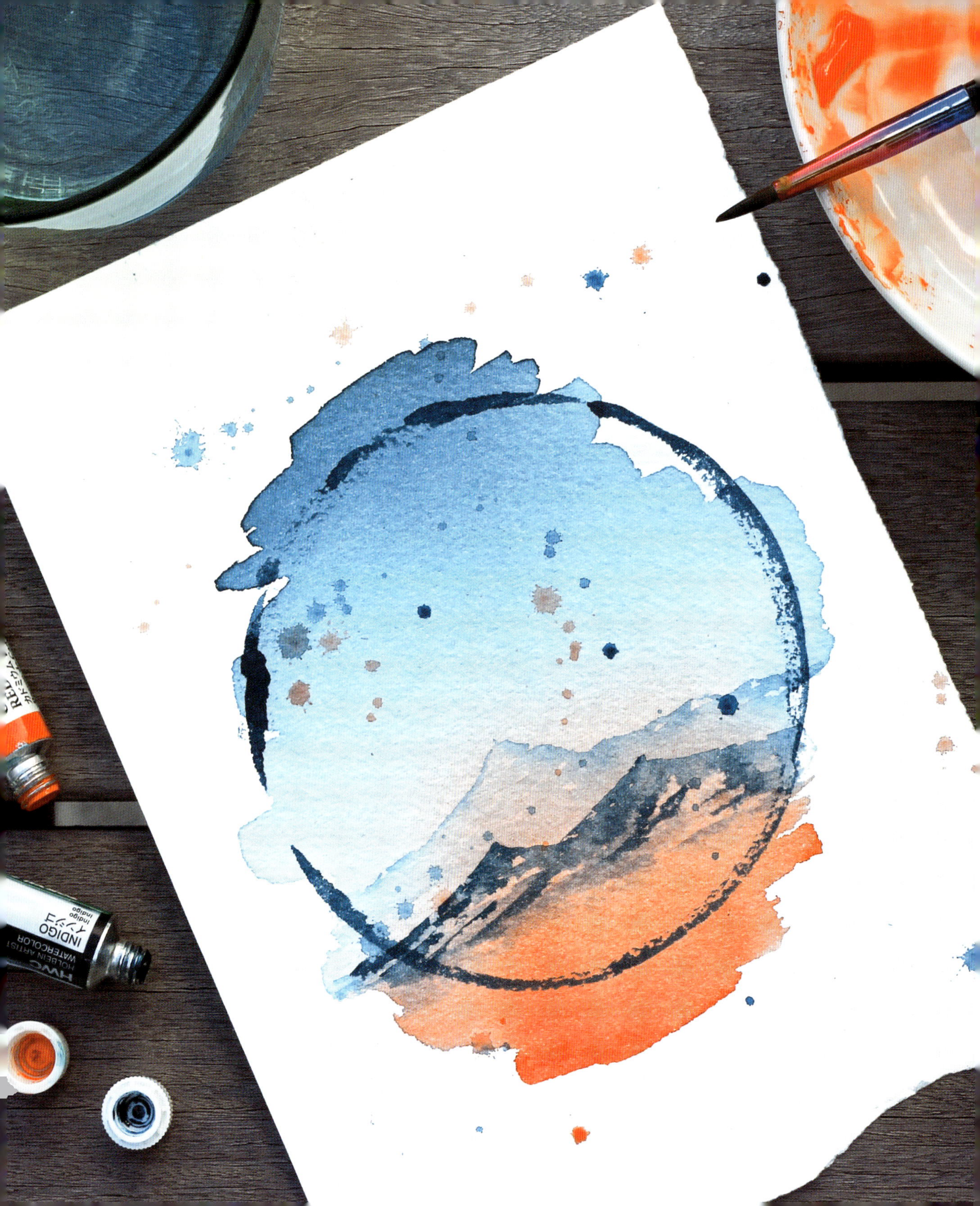
HWC
HOLBEIN ARTIST
WATERCOLOR
INDIGO

Berge in der Wüste

Am nächsten bin ich einer Wüste gekommen, als ich mit meinen Eltern einen Roadtrip quer durch die USA unternahm und wir im Painted Desert in Arizona Halt machten. Durch die Weite der Landschaft fühlt man sich so klein, aber die sanften Hügel im Vordergrund geben einem das Gefühl, willkommen zu sein. Man konnte einfach in diese Landschaft hineingehen und fühlte sich wie ein Teil dieser grandiosen und überwältigenden Umgebung. Ein sehr surrealer Aspekt dieser Landschaft war der starke Kontrast zwischen den leuchtend orangefarbenen Hügeln und dem tiefblauen Himmel.

In diesem Projekt möchte ich das faszinierende Symbol namens Ensō vorstellen. Es stammt aus dem Zen-Buddhismus und hat eine sehr weitgehende, tiefe Bedeutung, aber hier möchte ich einen Aspekt hervorheben. Dabei geht es um die Gestaltung einer einfachen grafischen Form in einer freien, ungehemmten Bewegung und darum, durch die natürliche Bewegung des Körpers etwas zu erschaffen.

Bei diesem Projekt kannst du in diesen wunderbaren Farbkontrast und die subtilen Formen der Berge eintauchen. Danach wird das Ganze mit einem Ensō umrahmt, um die unverbrüchliche Einheit von dir und der Landschaft hervorzuheben, aber auch die Leere, das Universum und die Bedeutung des Moments.

Material

- Indigo
- Kadmiumrot Orange
- Synthetik-Rundpinsel Nr. 6
- Synthetik-Rundpinsel Nr. 2

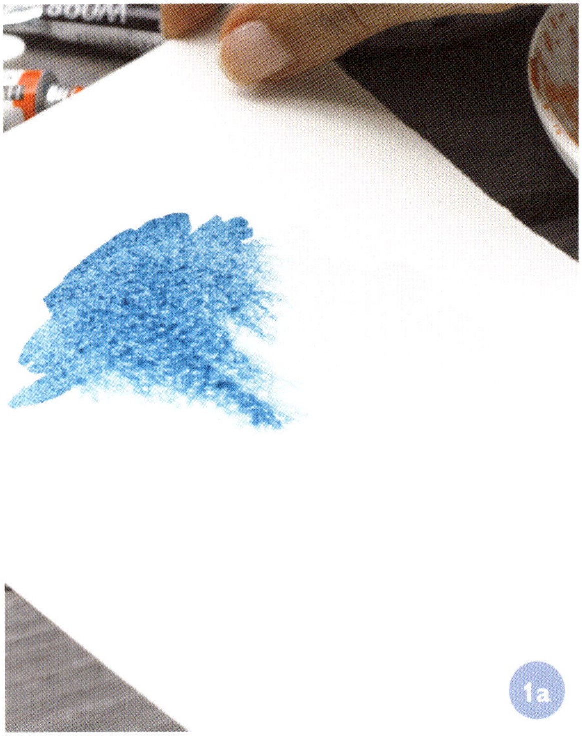

SCHRITT 1: Zuerst wird der Hintergrund für Himmel und Landschaft gemalt.

Begonnen wird auf trockenem Papier. Mit dem mittleren Synthetikpinsel Nr. 6 und klarem Wasser grob eine Kreisfläche befeuchten, die nicht ganz bis an die Ränder des Papiers reicht. Hier möchte ich ausdrücklich betonen, dass Unvollkommenheit erwünscht ist. Es ist tatsächlich besser für die Komposition, die Kreiskontur nicht perfekt auszuarbeiten. Stell dir vor, einen annähernd kreisförmigen Klecks zu malen. Mit demselben Pinsel dunkles Indigo aufnehmen und nur auf den oberen Rand des nassen Kreises tupfen. Das Papier etwas neigen, damit die Farbe nach unten maximal bis zur Kreismitte verläuft. Nimm dir die Zeit zuzuschauen, wie das Pigment verläuft, sich mit dem Wasser vermischt und langsam wie kleine Bäche fließt, die sich ihren eigenen Weg bahnen, ganz so wie du dir beim Lernen der Aquarellmalerei langsam und stetig deinen eigenen Weg bahnst.

Sofort, also solange das Papier noch nass ist, denselben Schritt mit Kadmiumrot Orange am unteren Rand des nassen Kreises wiederholen und das Papier so neigen, dass die Farbe zum Indigo hin verläuft.

Die beiden Farben sollen in der Mitte des Kreises nur geringfügig ineinanderlaufen, sodass das Papier in diesem Bereich noch hell bleibt. Flach liegend trocknen lassen.

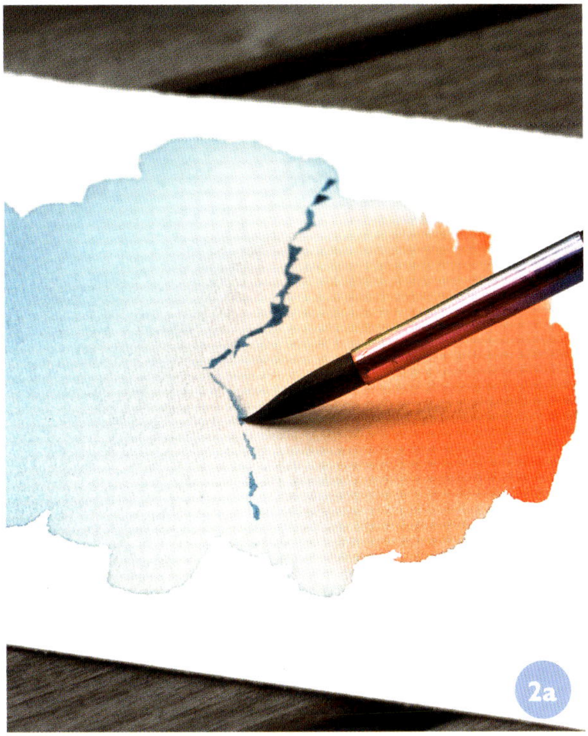

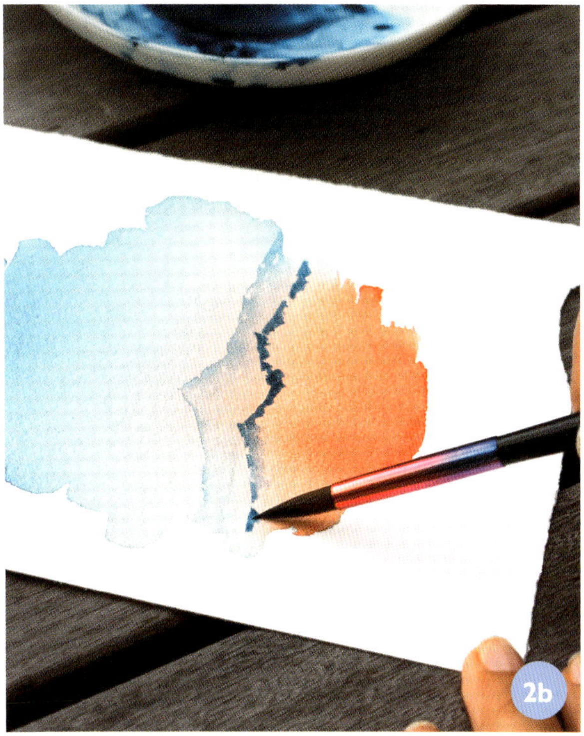

SCHRITT 2: Diesen Schritt finde ich sehr entspannend, weil man beim Malen der Wellenlinien dem Geist Freiheit geben kann. Du brauchst dich auf nichts Bestimmtes zu konzentrieren. Lass einfach den Pinsel die Arbeit für dich erledigen.

Wenn das Papier vollständig getrocknet ist, mit dem mittleren Synthetikpinsel Nr. 6 die obere Kontur des Bergs im Hintergrund mit einem hellen Indigo malen. Den Pinsel auswaschen und nur mit dem sauberen, feuchten Pinsel das Indigo von der welligen Linie nach unten verwischen, bis es im orangefarbenen Hintergrund verschwindet. Einige Minuten warten, bis dieser erste Berg getrocknet ist.

Den Berg im Vordergrund ebenso malen, jetzt aber ein mittleres Indigo verwenden. Die Oberflächenstruktur des Bergkamms kannst du mit sehr leichten, abwärts gerichteten Pinselstrichen andeuten.

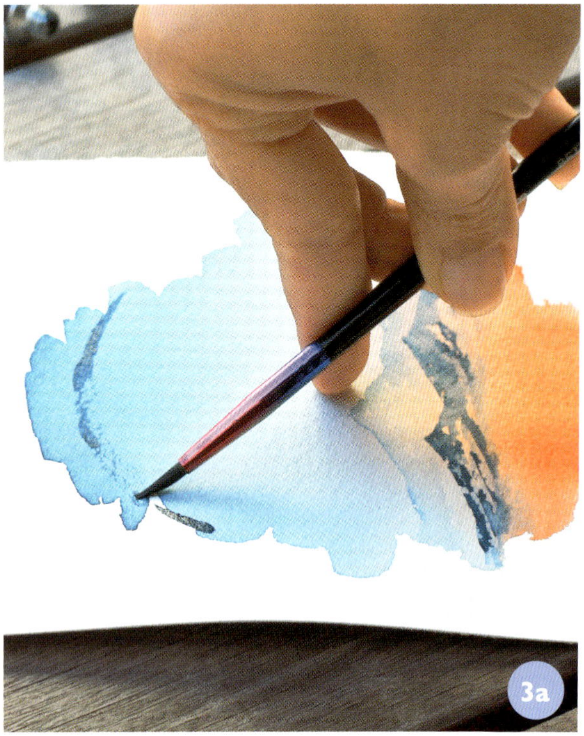

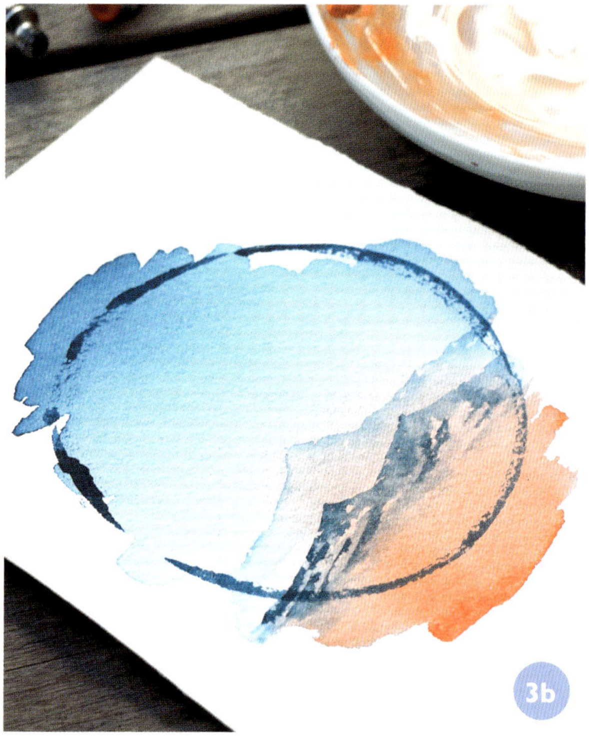

SCHRITT 3: Nun wird die Komposition mit einem Enso umrahmt.

Mit dem kleinen Synthetikpinsel Nr. 2 reichlich dunkles Indigo aufnehmen, um den Enso in einem Zug malen zu können. Setze deinen Zeigefinger wie die Nadel eines Zirkels in der Mitte des Bildes auf (Achtung: nicht auf eine feuchte Stelle) und halte den Pinsel mit derselben Hand schräg, sodass seine Haare das Papier berühren. Nun dreh das Papier mit der freien Hand, um den Kreis zu malen. Lass dabei alle vorgefassten Erwartungen darüber los, wie das fertige Bild aussehen soll. Lass deine Hand einfach etwas wunderschön Unvollkommenes kreieren. Gönn dir die Freiheit, den Kreis nicht nachträglich zu verbessern. Er ist, wie er ist, und das ist gut.

Ich hoffe, dass du beim Malen deiner Berge in der Wüste einen Moment der Ruhe finden konntest und Freude daran hattest, die Farben von Himmel und Landschaft verlaufen zu sehen und alles mit einem schönen Enso einzurahmen.

Winterwunderwald

Was wäre ein magisches Weihnachtsfest ohne Schnee? Einer der schönsten Momente der Weihnachtszeit ist es, mit der Familie auf die Suche nach dem schönsten und dichtesten Weihnachtsbaum zu gehen. Mit diesem Bild wollte ich das Gefühl heraufbeschwören, das sich einstellt, wenn man in einem Wald nach dem perfekten Weihnachtsbaum sucht – und ihn dann findet, als würde er inmitten des Waldes aus Artgenossen hervor leuchten.

In diesem Projekt wird der Himmel nass auf trocken gemalt. Außerdem stelle ich neue Arbeitstechniken mit Maskierflüssigkeit und Salz vor. Die Detailarbeit an den Bäumen wird bewirken, dass du dich entspannst, aber danach mit klarem und wachem Geist bereit bist für die nächste Aufgabe.

Material

- Indigo
- Weicher Rundpinsel Nr. 12
- Maskierflüssigkeit
- Feines Salz

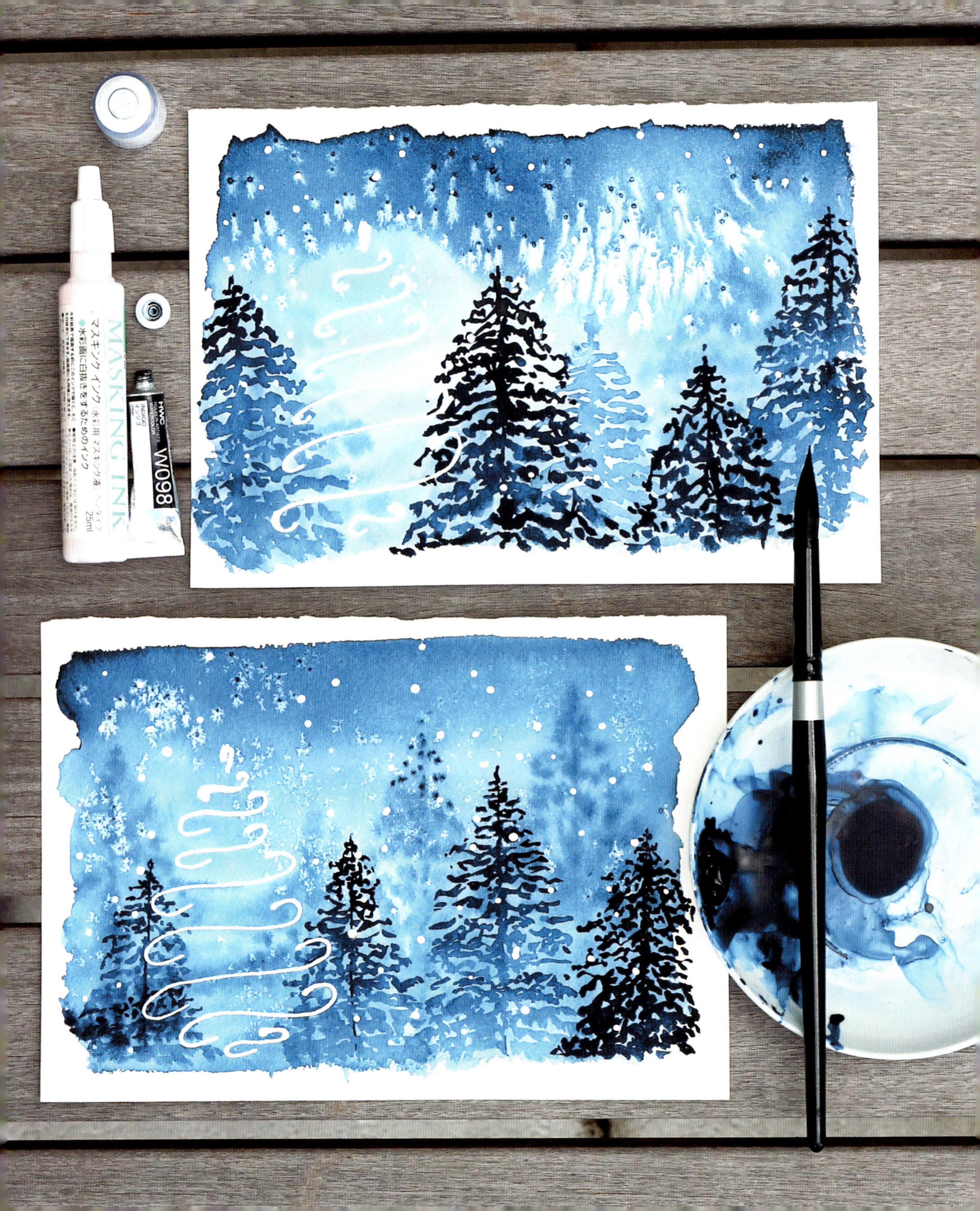
MASKING INK
25ml
W098

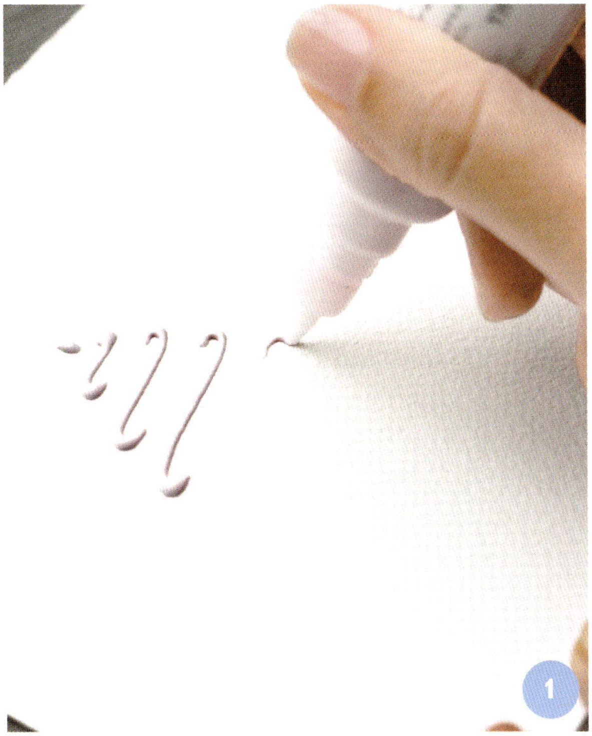

SCHRITT 1: Zuerst wird der magische Baum mit Maskierflüssigkeit abgedeckt.

Maskierflüssigkeit kann man im Fachhandel für Künstlerbedarf kaufen. Sie hat Ähnlichkeit mit Leim, ist aber wasserbeständig. Sie wird auf Bereiche übertragen, die weiß bleiben sollen, also in den weiteren Schritten vor Farbe geschützt werden müssen. Man kann die Maskierflüssigkeit mit einem Pinsel auftragen, es gibt solche Produkte aber auch in einer Flasche mit Applikator. Ich habe mit der Maskierflüssigkeit einen sehr abstrakten Baum angedeutet, um seine Magie hervorzuheben.

Im linken Bilddrittel mit einem sehr kleinen liegenden S beginnen. Darunter weitere S-Formen malen, die allmählich immer länger werden. Du kannst außerdem kleine Punkte auf der gesamten Papierfläche verteilen, die später wie Sterne aussehen werden. Die Maskierflüssigkeit trocknen lassen.

Die Trockenzeit hängt vom Produkt ab. Du kannst mit dem Malen fortfahren, wenn sie milchig aussieht und sich nur noch leicht klebrig anfühlt.

SCHRITT 2: Der Hintergrund bzw. Himmel wird nass auf trocken gemalt, um ihm eine möglichst intensive, tiefe Färbung zu geben. Diesen Schritt finde ich besonders befriedigend. Ich könnte tatsächlich stundenlang der Farbe beim Fließen zuschauen.

Maskierflüssigkeit und Papier müssen trocken sein. Mit dem weichen Pinsel Nr. 12 ein dunkles Indigo am oberen Papierrand auftragen. Dabei einen schmalen Papierrand frei lassen. Die Farbe langsam abwärts verteilen, dabei für jeden waagerechten Pinselstrich etwas mehr Wasser mit dem Pinsel aufnehmen. So wird das Blau allmählich verdünnt, und es entsteht ein Farbverlauf von dunkel nach hell.

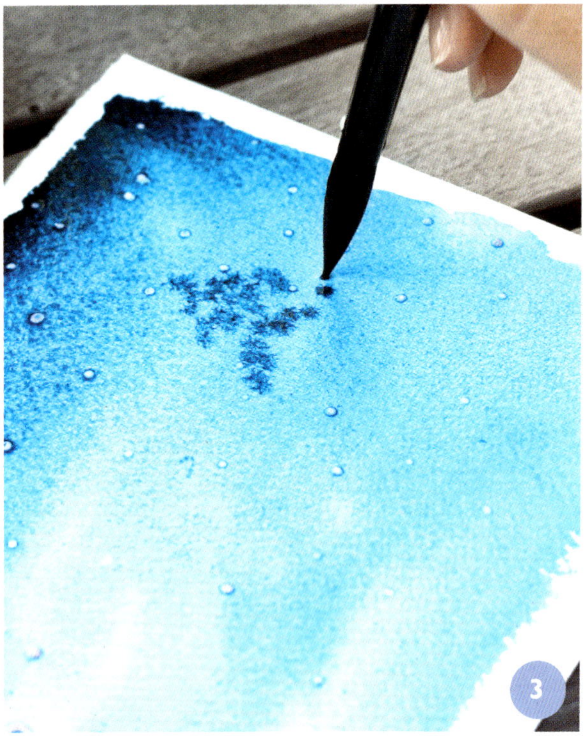

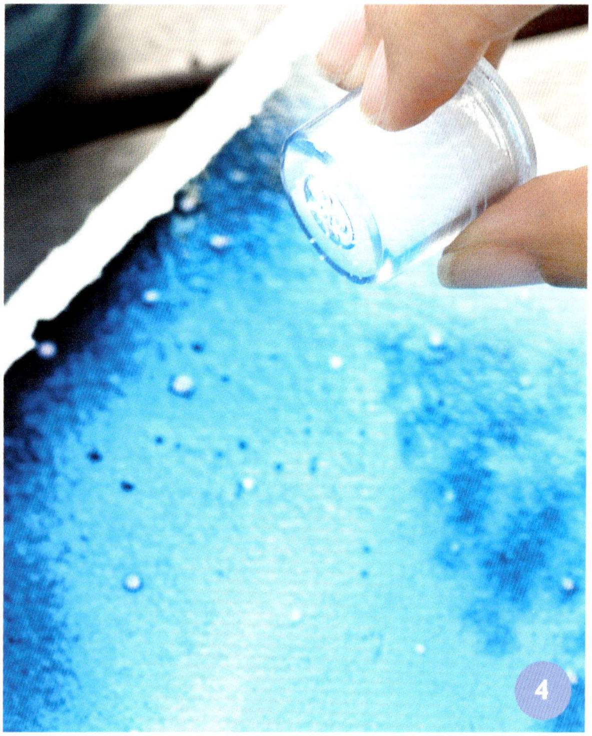

SCHRITT 3: Nun werden die Bäume im Hintergrund nass in nass gemalt.

Solange das Papier noch feucht glänzt, mit dem Pinsel erneut dunkles Indigo aufnehmen und für die am weitesten entfernten Bäume kleine Punkte in dreieckiger Anordnung auf das Papier tupfen.

SCHRITT 4: Für die Schneeflocken wird Salz verwendet. Es ist wichtig, dafür ein feinkörniges Salz zu wählen, weil es das Wasser sanfter aufnimmt als gröbere Salzkristalle.

Streue etwas Salz auf das noch leicht feuchte Papier und beobachte, wie die Farbe reagiert. Durch das Salz entsteht eine kristalline Textur, die an Schnee erinnert. Wenn du das Papier vorsichtig ein wenig neigst, erzeugt das Salz Schlieren, die wie fallender Schnee aussehen. Wenn du das Papier nicht bewegst, entstehen einfach schneeflockenartige Strukturen, die in der Luft zu schweben scheinen. Beide Varianten sehen fantastisch aus.

Hinweis: Auf keinen Fall einen Föhn zum Trocknen des Bilds verwenden. Dadurch können die Salzkristalle verschoben werden und es entsteht eine andere Textur, die keine Ähnlichkeit mehr mit Schnee hat.

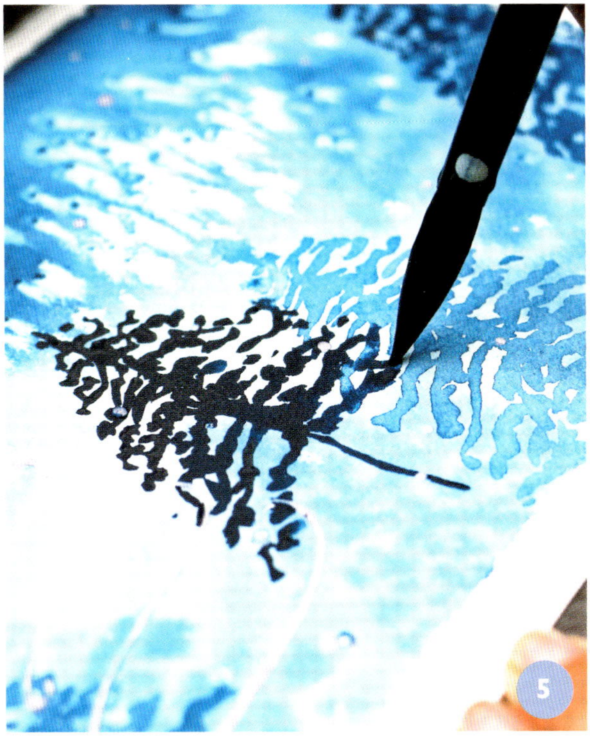

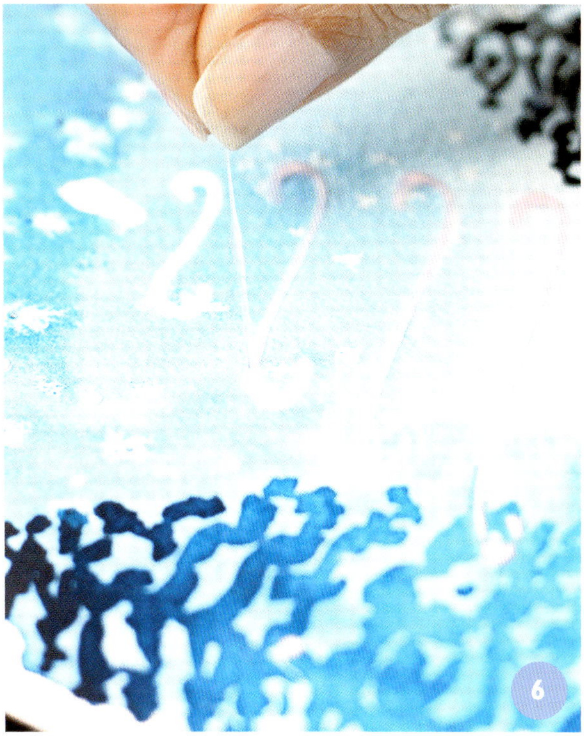

SCHRITT 5: Die Nadelbäume, die den magischen Weihnachtsbaum umgeben, werden in Etappen gemalt.

Sobald das Papier vollständig getrocknet ist, kannst du eine oder zwei Ebenen von Bäumen hinzufügen. Für die hinteren Bäume ein mittleres Indigo verwenden und die Stämme durch senkrechte Pinselstriche andeuten, die etwa drei Viertel der Papierhöhe erreichen. Das Bild wirkt realistischer, wenn du die Höhen der Stämme variierst. Dann die Äste mit dem Pinsel auf das Papier tupfen. Sie bilden eine Dreieckskontur, die nach unten breiter wird. Trocknen lassen.

Für die Bäume im Vordergrund ein dunkles Indigo verwenden. Die Bäume werden wie zuvor gemalt, jedoch zwischen die hinteren Bäume. Du kannst sie auch etwas kleiner malen, damit man noch genug von der hinteren Baumreihe sieht. Die Äste hinzufügen und die Nadeln durch Tupfen und wellige Linien andeuten. Je nachdem, wie viele Bäume du malst, kann dies durch die ständig wiederholten Bewegungen eine sehr kontemplative Übung sein. Wenn du deinen Körper schön locker lässt, entsteht auf diese Weise eine Gruppe von wunderbar unvollkommenen Bäumen.

SCHRITT 6. Zuletzt werden Salz und Maskierflüssigkeit entfernt.

Wenn das Bild vollständig getrocknet ist, kannst du das getrocknete Salz vorsichtig mit den Fingern vom Papier abstreifen. Die Maskierflüssigkeit lässt sich mit dem abgeschrägten Ende eines Pinsels lösen, aber ich benutze meistens meine Finger. Es erinnert mich an meine Schulzeit, in der ich gern Klebstoff von den Seiten meiner Hefte abgezogen habe – wahrscheinlich war ich nicht die einzige. Tatsächlich ist es sehr befriedigend, die getrocknete, zähe Maskierflüssigkeit langsam und vorsichtig vom Papier abzuziehen.

Erst wenn Salz und Maskierflüssigkeit entfernt sind, kommt die endgültige Komposition zum Vorschein. Sie strahlt genau das magische Glitzern aus, das ein verschneiter Winterwunderwald haben sollte.

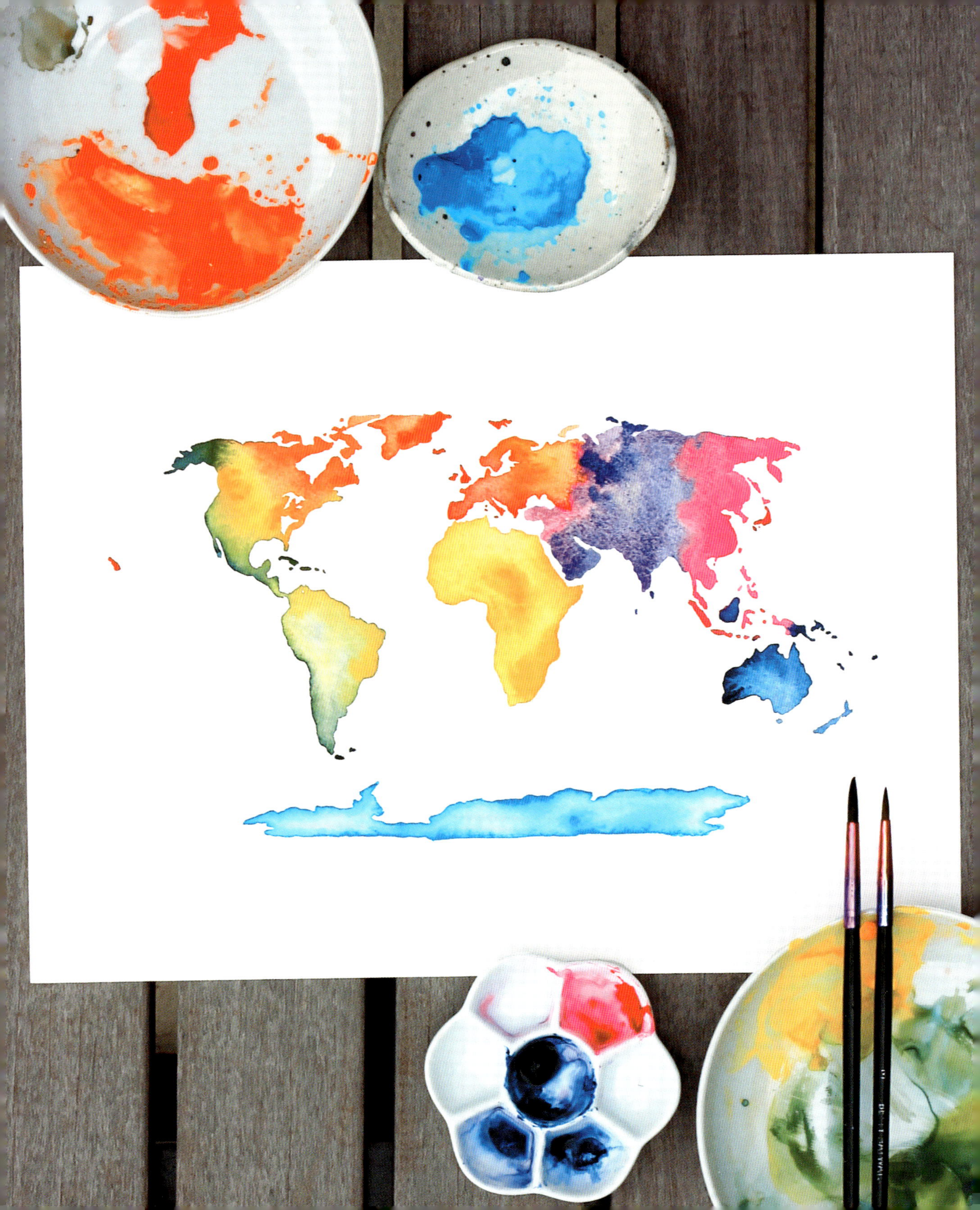

Gedankenreise-Weltkarte

Ich reise wirklich gern, darum gefällt mir dieses Projekt so gut. Beim Malen kann ich Tagträumen nachhängen und mich an all die Orte zu erinnern, die ich besucht habe, an denen ich lebe und die ich irgendwann einmal besuchen möchte. Lege deine Farben bereit und begleite mich auf einer Reise um die Welt!

Mir ist klar, dass es wie eine riesige Herausforderung klingt, eine ganze Weltkarte zu zeichnen und zu malen. Aber das muss nicht so sein. Du kannst einfach die Umrisse einer Karte von einer Internetvorlage durchpausen. Weil die Maltechnik einfach ist, solltest du dir einen Moment Zeit nehmen, um zu beobachten, wie die Farben mithilfe des Wassers ganz von selbst auf dem Papier verlaufen. Es ist sehr entspannend, einfach nur zuzuschauen, wie die Farben zueinander und ins Papier finden.

In diesen Projekt übst du das Durchpausen eines Motivs, das anschließend nass in nass sowie nass auf trocken farblich ausgestaltet wird. Eine sehr einfache und enorm entspannende Malübung!

Material

- Indigo
- Kadmiumgelb
- Kadmiumrot Orange
- Opernrosa
- Violett
- Türkis
- Synthetik-Rundpinsel Nr. 2
- Weicher Bleistift
- Knetradiergummi

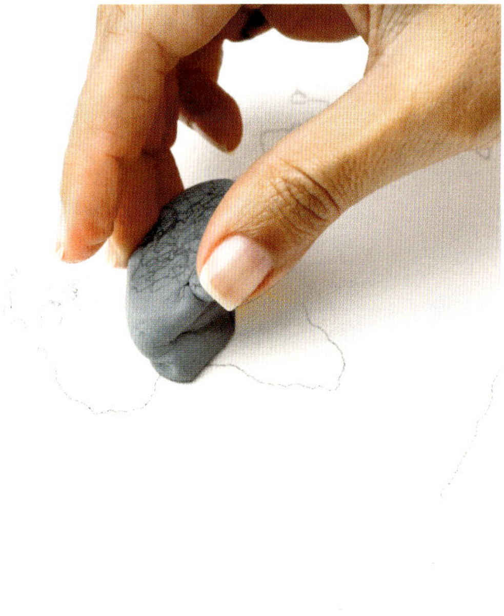

1

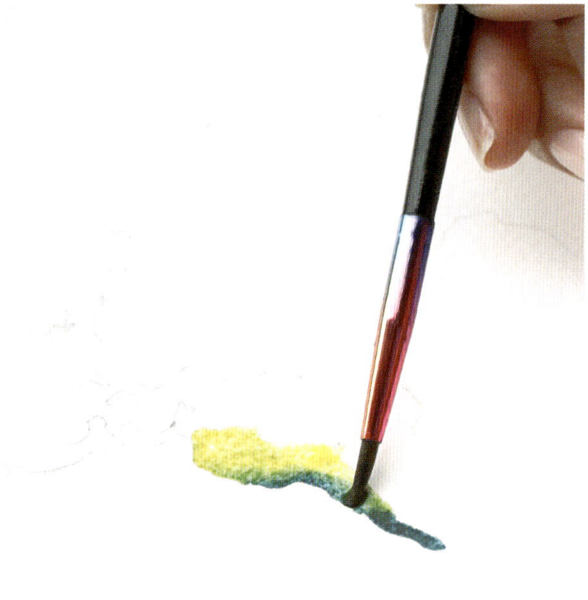

2

SCHRITT 1: Die Umrisse der Karte auf das Papier übertragen.

Das Übertragen der Karte ist ganz einfach. Eine Weltkarte aus dem Internet ausdrucken, mit Klebeband an einem Fenster oder über einer anderen Lichtquelle befestigen, das Aquarellpapier darauflegen und die Umrisse zart mit einem weichen Bleistift durchpausen. Danach das Aquarellpapier wieder auf die Arbeitsfläche legen und die Bleistiftstriche mit dem Knetradiergummi etwas aufhellen, damit sie später nicht durch die Aquarellfarben schimmern.

SCHRITT 2: In den nächsten Schritten werden die Konturen der Kontinente allmählich nass auf trocken angelegt. Anschließend werden die Flächen der Erdteile nass in nass so mit verschiedenen Farben ausgefüllt, dass fließende Übergänge entstehen.

Ich beginne gern mit Südamerika, weil ich dort geboren wurde. Dafür wähle ich eine Kombination aus dunklem Indigo und einem mittleren Gelb, um dem Kontinent eine erdige, tropische Ausstrahlung zu geben.

Auf dem trockenen Papier den Umriss Südamerikas mit dem Synthetikpinsel Nr. 2 malen. Dunkles Indigo aufnehmen und zuerst die westliche Kontur nachziehen. Etwas Wasser auf das Papier geben und die Farbe über die Anden hinweg verwischen. Den Pinsel auswaschen, mittleres Gelb aufnehmen und die andere Küste, an der Argentinien liegt, malen. Die Farbe wieder ins Landesinnere verwischen, dabei Brasilien, Venezuela und Kolumbien einfärben. Die beiden Farben werden mühelos ineinanderlaufen. Manipuliere sie möglichst wenig mit dem Pinsel, sondern lass zu, dass sich die Farben so finden und mischen, wie sie wollen.

Behalte auch in Panama, Mittel- und Nordamerika die dunkelblaue Kontur auf der Westseite bei.

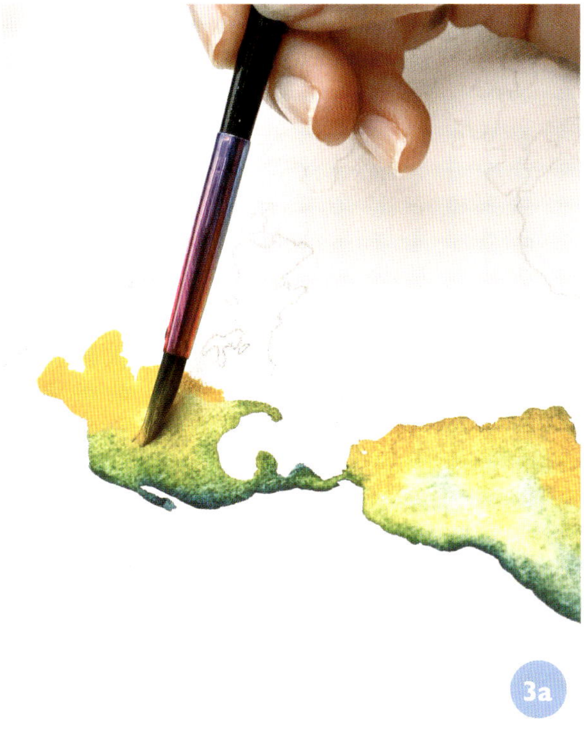

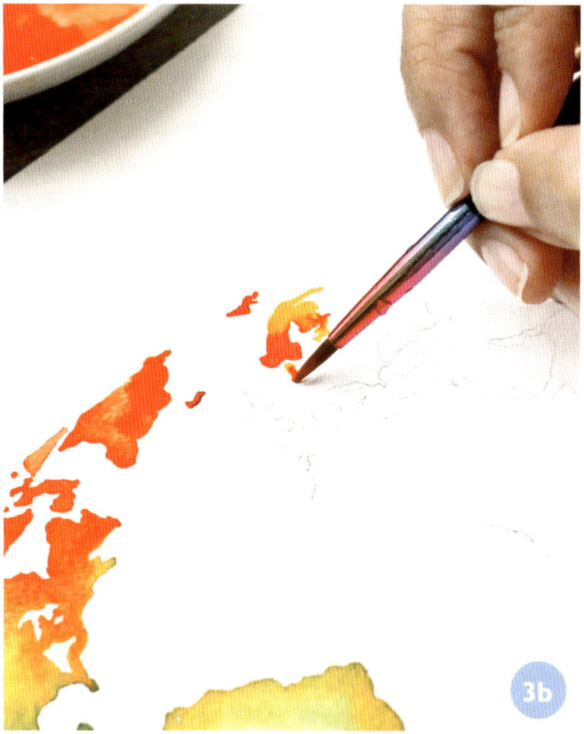

SCHRITT 3: Wenn du dich Kanada näherst, nimm wieder das Gelb. Lass es nur geringfügig verlaufen, sodass das Gelb an der Ostseite weitgehend unverfälscht bleibt.

Hinweis: Die Farbe darf nicht trocknen, während du den Pinsel ausspülst und die neue Farbe aufnimmst. Arbeite eventuell mit mehreren Pinseln, damit der Farbwechsel schneller vonstatten geht.

Weiter geht es mit Grönland und Westeuropa. Solange die gelbe Farbe noch nass ist, etwas mittleres Orange in den Bereich des nordamerikanischen mittleren Westens tupfen und verlaufen lassen. Wenn du diesen Kontinent verlässt, stell dir einen Transatlantikflug vor und denke an die aufregenden Abenteuer, die dich jenseits des Ozeans erwarten.

Die Kontinente jenseits des Atlantiks werden wie zuvor nass auf trocken gemalt. Arbeite nur nass in nass, wenn du bestimmte Bereiche mit einer anderen Farbe eintönen möchtest.

Europa wird relativ gleichmäßig mit dem Orange eingetönt, nur Schweden bekommt einige Tupfer Gelb. Dann wird die Farbe mit Wasser verdünnt, sodass du ein helles, zartes Orange hast, wenn du Russland erreichst.

Für Afrika wähle ich gern ein kräftiges Gelb mit hellerer Mitte, weil ich finde, dass diese Farbgebung heiter, lebendig und energiegeladen wirkt. Den ganzen Kontinent mit einem mittleren Gelb umranden, dann die Farbe mit Wasser zur Mitte hin so verwischen, dass sie zart und transparent erscheint.

Für Asien wähle ich eine schöne Mischung aus Opernrosa und Violett. Für mich drücken diese Farben die Faszination aus, die ich für diesen Erdteil – und vor allem für Japan – empfinde. Aber das ist meine ganz persönliche Meinung.

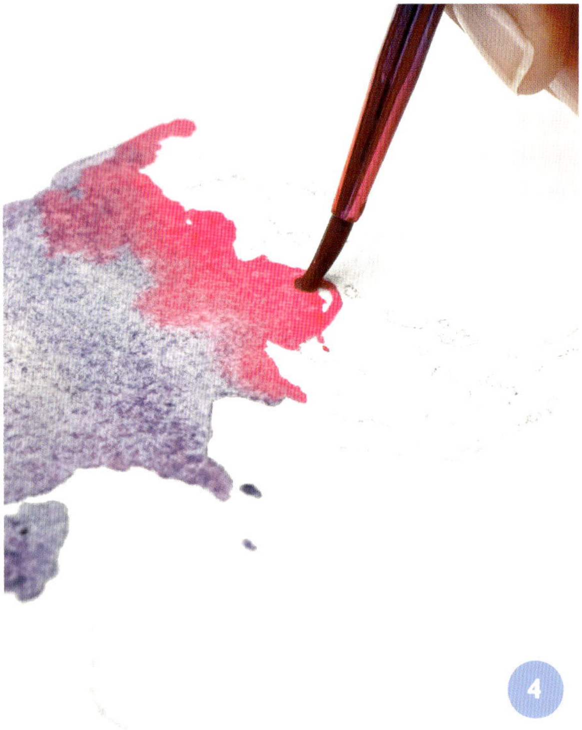

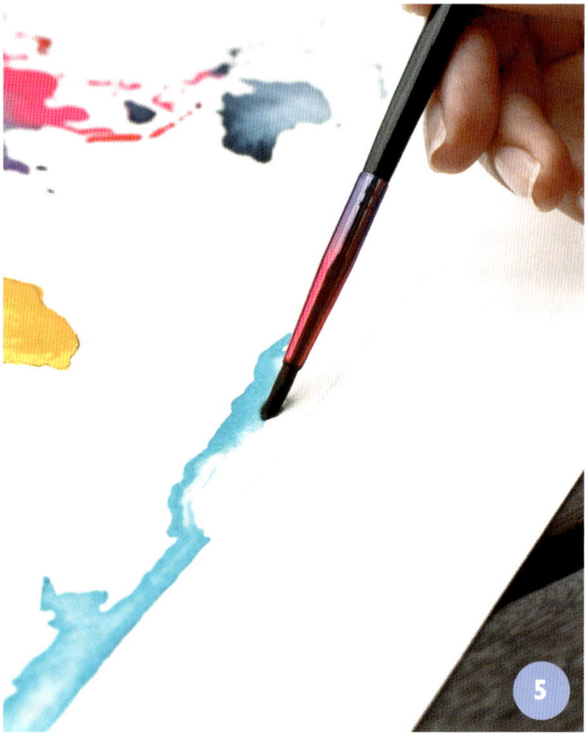

SCHRITT 4: Nun geht es weiter gen Süden. Für Ozeanien kannst du dich wieder auf eine Farbe beschränken, in diesem Fall Indigo. Vergiss Neuseeland nicht. Es ist klein, aber unbedingt eine Reise wert.

Die kleinen Pazifikinseln vor der Ostküste Australiens kannst du mit einigen Farbtupfern andeuten. Wer träumt nicht davon, einmal dorthin zu reisen?

SCHRITT 5: Zuletzt bekommt die Antarktis ein kühles Türkis, das gut zu der von Eis bedeckten Landmasse und den massiven Eisbergen passt. Sie muss ein absolut faszinierendes Reiseziel sein. Gehe dabei vor wie bei Afrika: Den Kontinent mit einem mittleren Türkis umranden und dieses mit Wasser zur Mitte hin verwischen, um einen schönen Tonwertverlauf zu erhalten.

Ich hoffe sehr, dass du dich bei diesem Motiv ein bisschen in deinen eigenen Reiseträumen verlieren konntest. Ich wünsche dir, dass dein nächstes Abenteuer so farbenfroh, lebhaft und aufregend ist, wie du dich jetzt fühlst.

Mondphasen

Der zyklische Wechsel der Mondphasen erinnert mich an den japanischen Ausdruck *mono no aware*. Er beschreibt das Bewusstsein über die Unbeständigkeit der Dinge und drückt eine leichte Traurigkeit über ihre Vergänglichkeit aus. Das klingt melancholisch, aber auch schön, oder? Für mich persönlich ist der Mond ein Symbol für diese Unbeständigkeit. Die Ansicht des Mondes verändert sich jeden Tag so geringfügig, dass wir es kaum wahrnehmen. Ähnlich ist es mit den Menschen. Wir sollten uns bewusst sein, dass wir uns jeden Tag ein winzig kleines bisschen verändern, genau wie der Mond.

Ich hoffe, du findest beim Malen der sich ständig verändernden Mondphasen ein Gefühl von Frieden und Achtsamkeit.

Material

- Indigo
- Synthetik-Rundpinsel Nr. 8
- Runder Gegenstand als Schablone (7–8 cm Durchmesser) oder Zirkel
- Weicher Bleistift
- Knetradiergummi

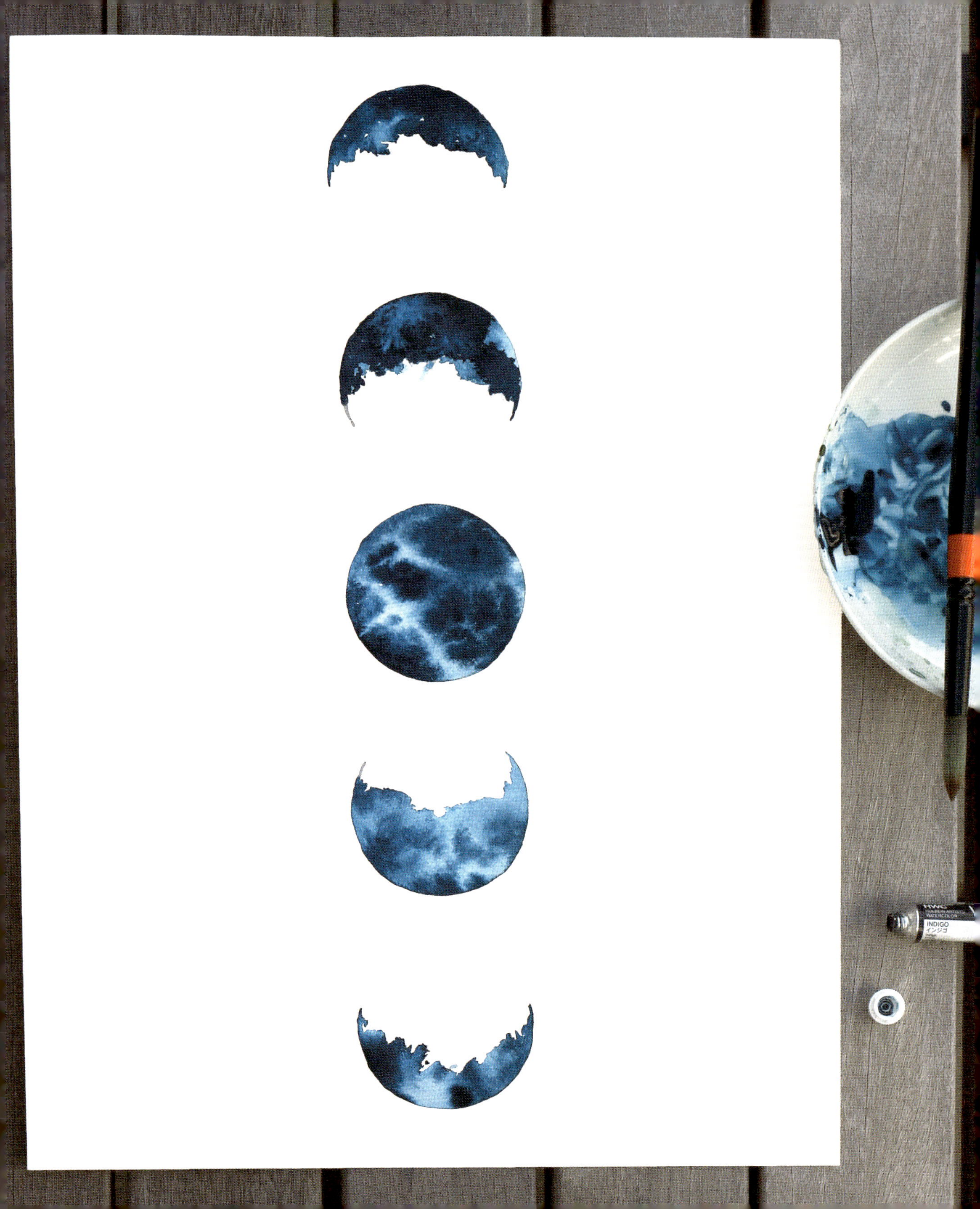
HWC
INDIGO
インジゴ

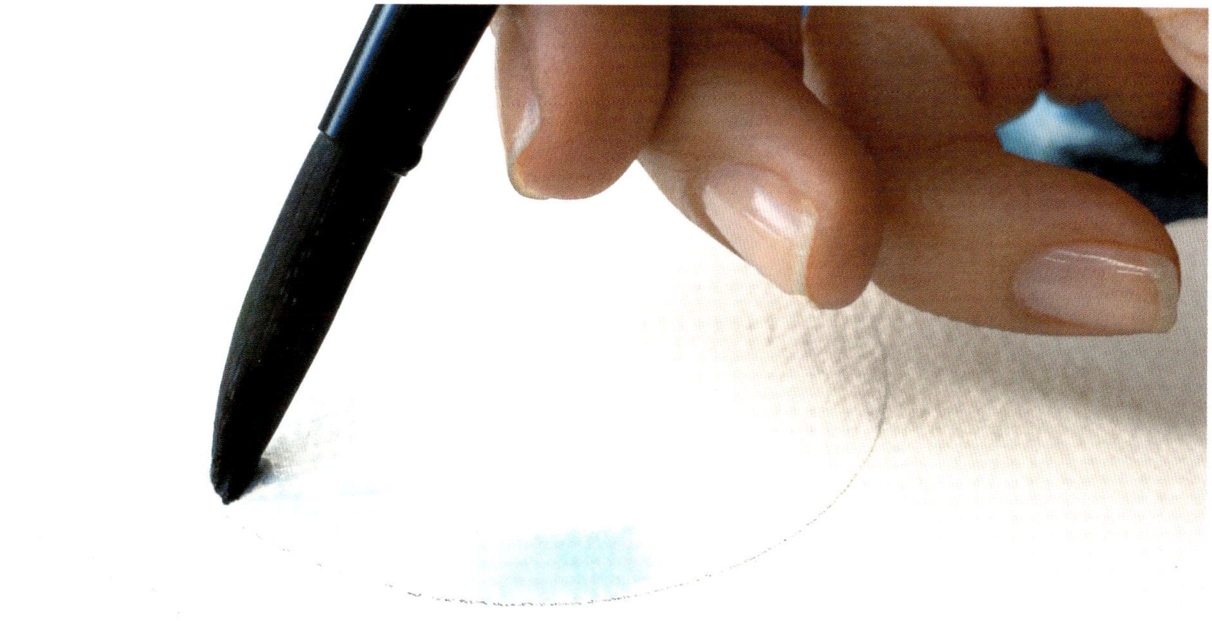

2

SCHRITT 1: Mit dem weichen Bleistift zart fünf gleich große Kreise auf einer gedachten senkrechten Mittellinie auf das Papier zeichnen. Es muss nicht die exakte Mitte sein, ich bin nach Augenmaß vorgegangen.

Ich werde ausführlich erklären, wie man die zunehmende Mondsichel malt, da sie von den Proportionen und der Technik her die schwierigste sein dürfte. Dieselben Schritte gelten auch für die übrigen Mondphasen, wobei der Kreis jedes Mal etwas mehr ausgefüllt wird.

SCHRITT 2: Wenn alle Kreise vorgezeichnet sind, mit dem Synthetikpinsel Nr. 8 ein helles Indigo aufnehmen. Mit der Pinselspitze nur die Hälfte der Kreislinie innen nachmalen.

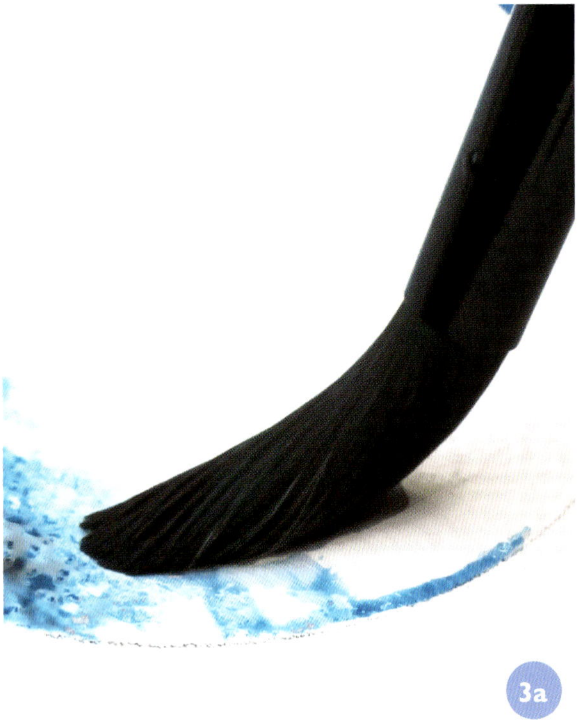

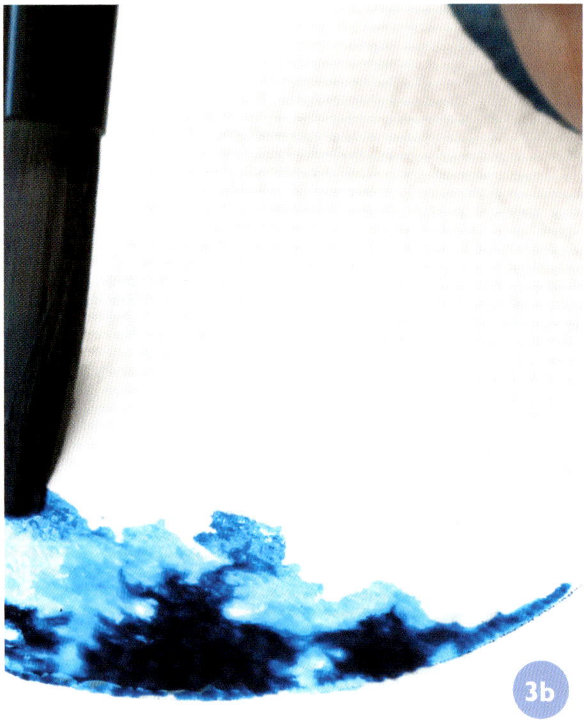

SCHRITT 3: Etwas mehr Farbe aufnehmen und mit tupfenden Bewegungen in Richtung Kreismitte auftragen – aber nicht ganz bis zur Mitte. Die Pinselhaare auf das Papier drücken und wieder abheben, um ungleichmäßige Flecken und eine unregelmäßige innere Kontur zu erhalten.

Bevor die Farbe trocknet, einige Tupfer dunkles Indigo hinzufügen, um den Kontrast zu verstärken.

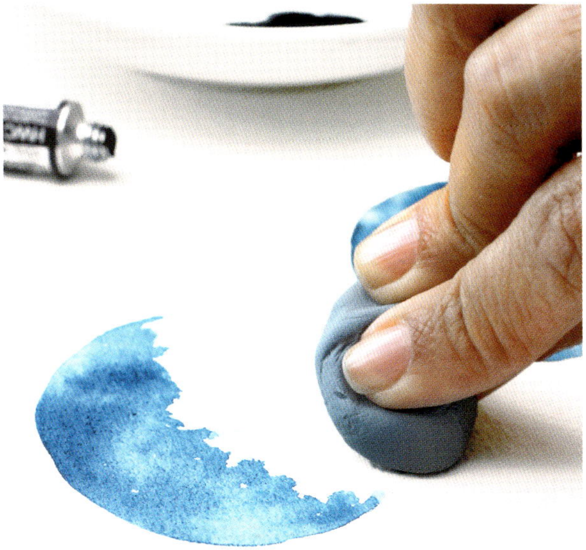

4a

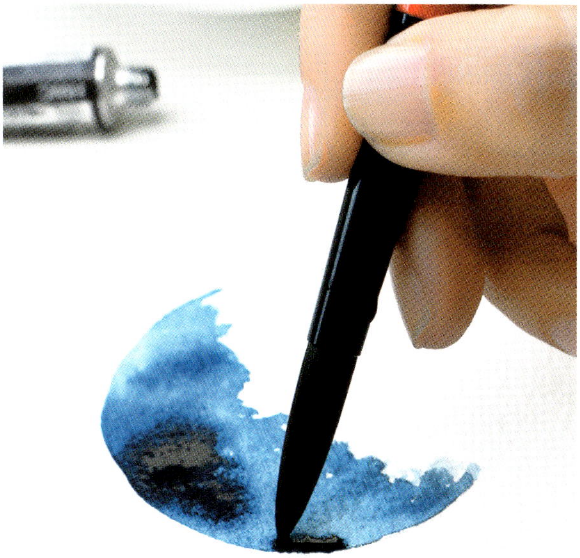

4b

SCHRITT 4: Wenn die Farbe getrocknet ist, die Bleistiftkontur mit dem Knetradiergummi entfernen.

Wenn du den Kontrast oder die unregelmäßigen Flecken verstärken möchtest, kannst du eine zweite oder dritte Schicht Indigo auftragen.

SCHRITT 5: Die übrigen Mondphasen ebenso malen, aber jedes Mal die Kreisfläche etwas mehr ausfüllen, bis der Vollmond erreicht ist. Dann mit derselben Technik die Phasen des abnehmenden Monds gestalten, wobei der Kreis jedes Mal etwas weniger gefüllt wird. Um die Textur auf dem trockenen Papier zu gestalten, ist es wichtig, die Pinselhaare beim Tupfen auf das Papier zu drücken und wieder abzuheben, ohne den Pinsel zu ziehen. Der Reiz dieses Motivs liegt in den Unregelmäßigkeiten der inneren Konturen.

Die natürlichen Unregelmäßigkeiten und die gleichmäßigen, sanften Tupfbewegungen können sehr beruhigend und entspannend sein, vor allem, weil es bei diesem Motiv nicht darum geht, eine perfekte Mondsichel zu malen.

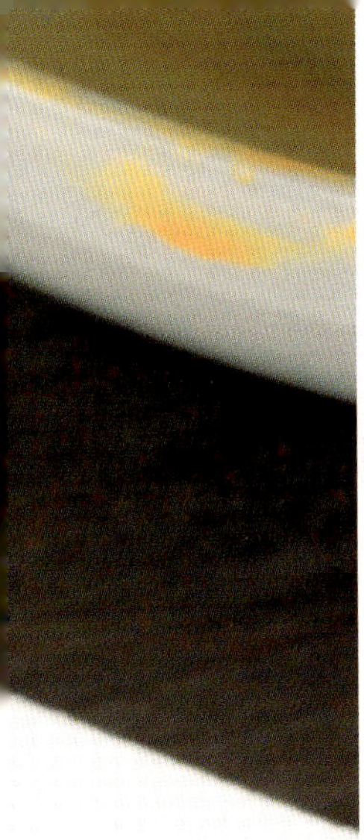

Obst und Gemüse

Es macht gute Laune, Obst und Gemüse zu malen. Die natürlichen, leuchtenden Farben sind ein Traum für jeden Künstler. Wenn du die Formen vereinfachst, kannst du ganz einfach fröhliche Muster zusammenstellen. Vielleicht möchtest du auch Einladungskarten für eine Sommerparty oder ein geselliges Fest im Herbst malen?

Ich habe eine Auswahl von Früchten getroffen, die besonders entspannend zu malen sind. Sie punkten mit einfachen Formen und leuchtenden Farben. Verliere dich in der Wiederholung runder Formen beim Malen der Brombeeren (Seite 103) oder nimm dir Zeit, die verschiedenen Formen und Farbkombinationen von Kürbissen (Seite 117) zu studieren, um im Alltag einen Moment der Ruhe zu finden.

Bitte bedenke, dass alle Naturprodukte ihre ganz eigene Perfektion aufweisen. Keine Orange ist absolut kugelrund, und keine Melone ist ein grafisch perfektes Oval. Konzentriere dich also bei den nächsten Projekten weniger auf die Präzision, sondern experimentiere gelassen mit längeren, dickeren oder gedrungenen Formen. Viel Freude dabei!

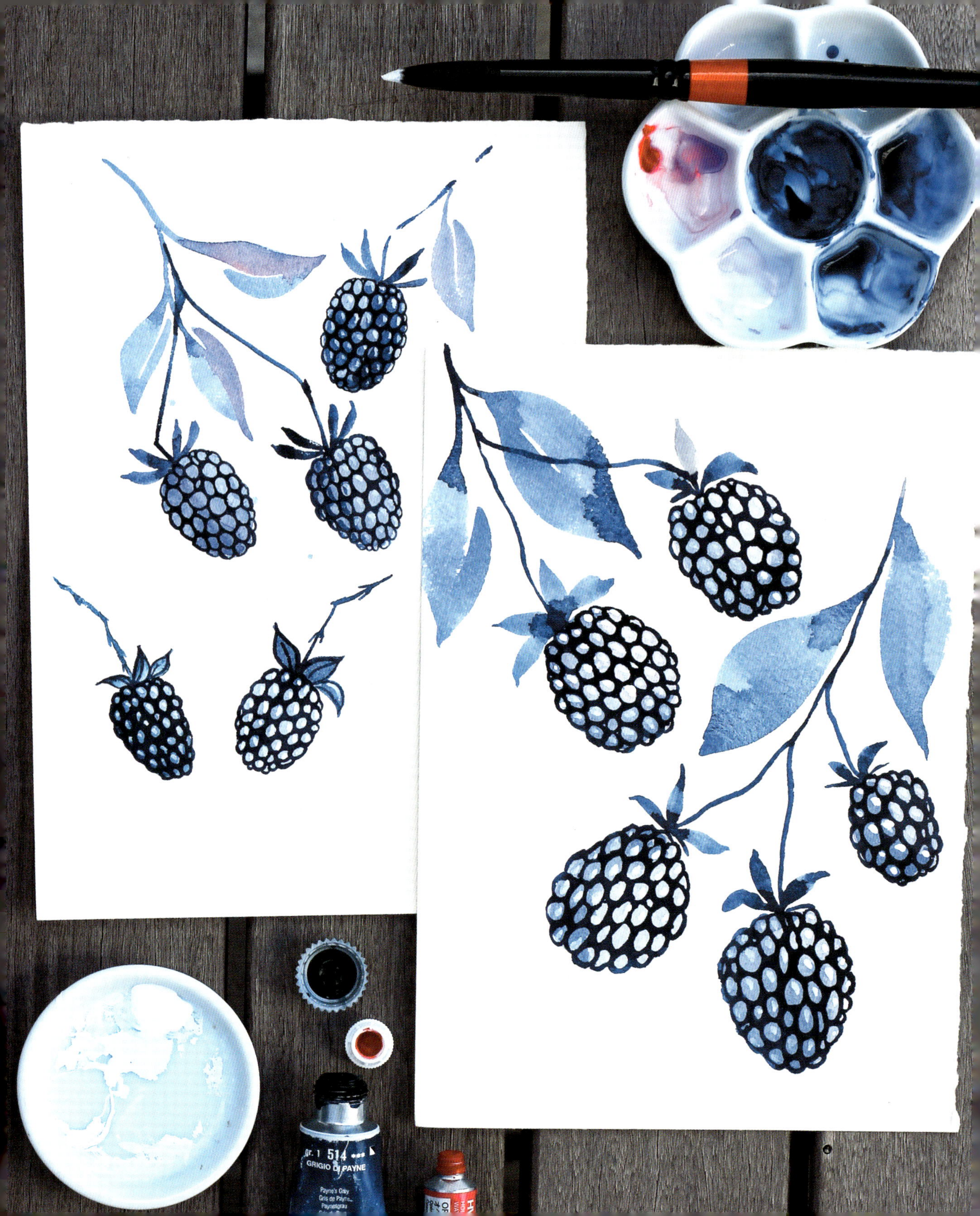

GRIGIO DI PAYNE

Pralle Brombeeren

Brombeeren mag ich wegen ihres herb-säuerlichen Geschmacks besonders gern zu jedem Dessert. Bei diesem Projekt geht es vor allem darum, die Formen zu vereinfachen, in mehreren Schichten nass auf trocken zu malen und bei den sich wiederholenden Pinselbewegungen für die charakteristischen kleinen Kügelchen, die winzigen Steinfrüchte, einen Moment der Stille in den Gedanken zu finden.

Material

- Paynesgrau
- Opernrosa
- Acrylfarbe Titanweiß (1:2 mit Wasser verdünnt)
- Synthetik-Rundpinsel Nr. 8

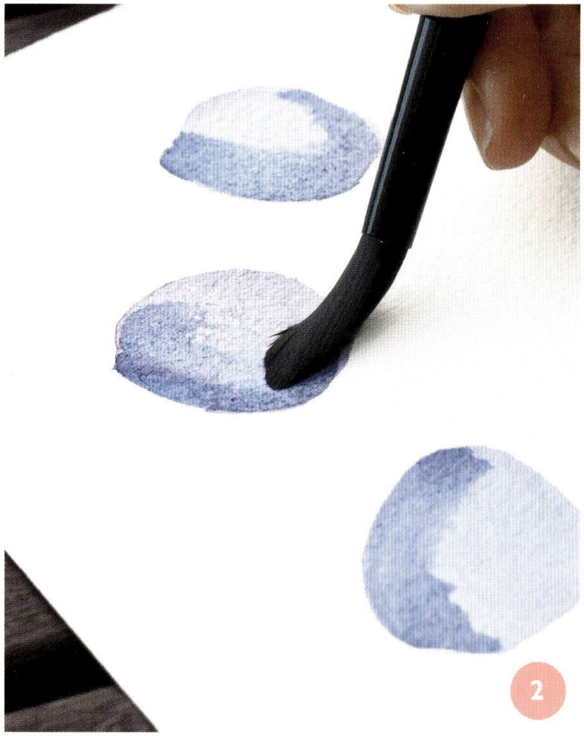

SCHRITT 1: Zuerst die Grundformen der Früchte malen. Einige sind etwas länglicher als andere, einige sind dicker und einige kleiner. Je mehr leichte Variationen, desto besser.

Auf einem kleinen Teller aus etwas mittlerem Paynesgrau und hellem Opernrosa ein mittleres Violett mischen. Die Farbe mit dem Synthetikpinsel Nr. 8 aufnehmen und ungefähre Kreise malen. Das sind die Grundformen der Brombeeren.

SCHRITT 2: Die Kreise auf einer Seite etwas abdunkeln. Durch diese Schatten bekommen die Früchte ihre plastische Wirkung.

Während die erste Schicht trocknet, etwas mehr Paynesgrau zu der Mischung geben, um sie leicht abzudunkeln. Mit demselben Pinsel diese neue Farbe auf eine Seite jedes violetten Ovals auftragen. Es macht nichts, wenn die Farbe nicht gleichmäßig verläuft.

Vollständig trocknen lassen.

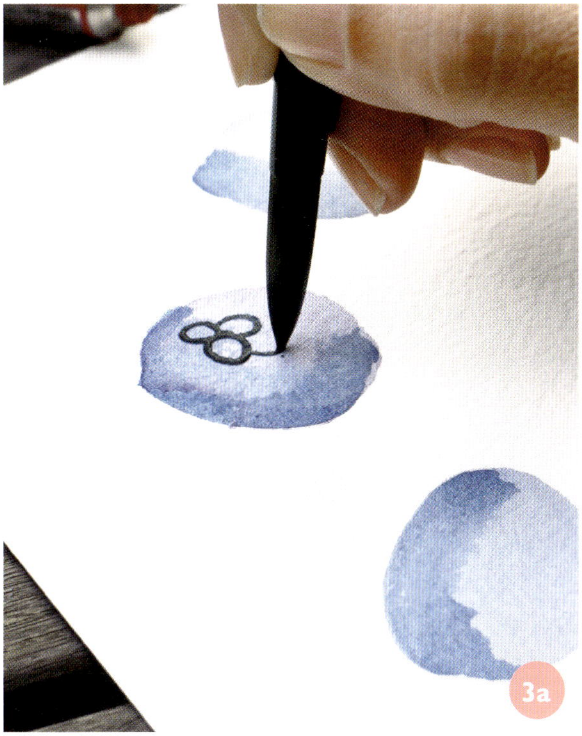

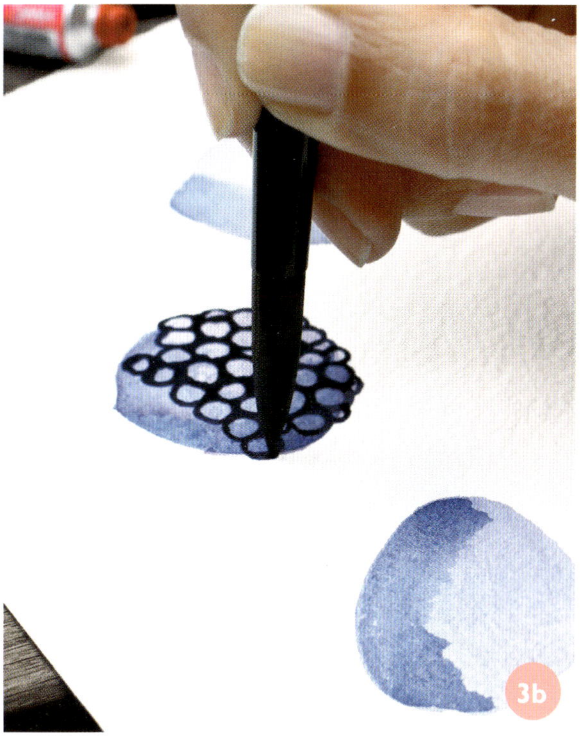

SCHRITT 3: Nun die Umrisse der kleinen Steinfrüchte auf der Oberfläche der Brombeeren malen.

Mit der Spitze des Pinsels dunkles, konzentriertes Paynesgrau aufnehmen und kleine, minimal unterschiedliche Kreise auf die violetten Früchte malen. Die Oberfläche aller violetten Früchte mit solchen kleinen Kreisen ausfüllen. Einige kleine Kreise sollten dabei leicht über den Rand der Grundform hinausragen.

Diesen Schritt mag ich wegen der ständigen Wiederholung besonders gern. Man kann sich völlig im Malen der kleinen Kreise verlieren, und plötzlich denkt man an gar nichts anderes mehr – nicht an die unerledigte Arbeit auf dem Schreibtisch und nicht an den unnötigen Streit mit der Freundin. Der Geist ist ganz auf die kleinen, dunklen Kreise konzentriert und ausschließlich im Hier und Jetzt präsent.

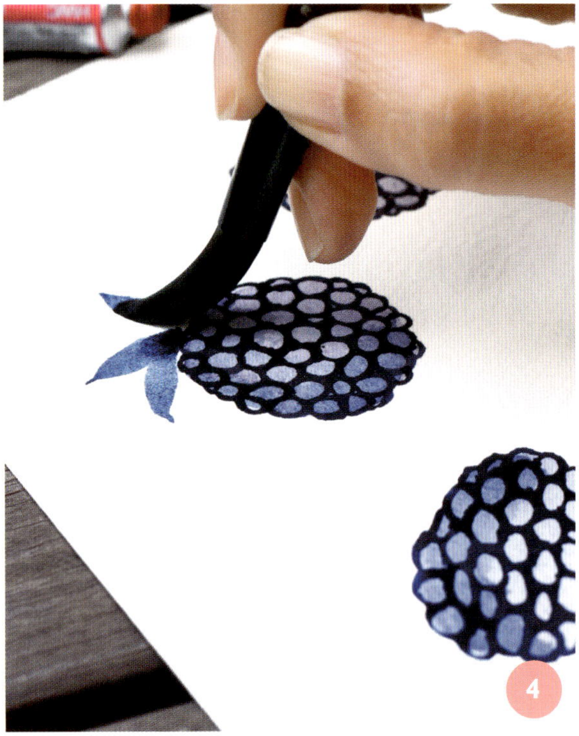

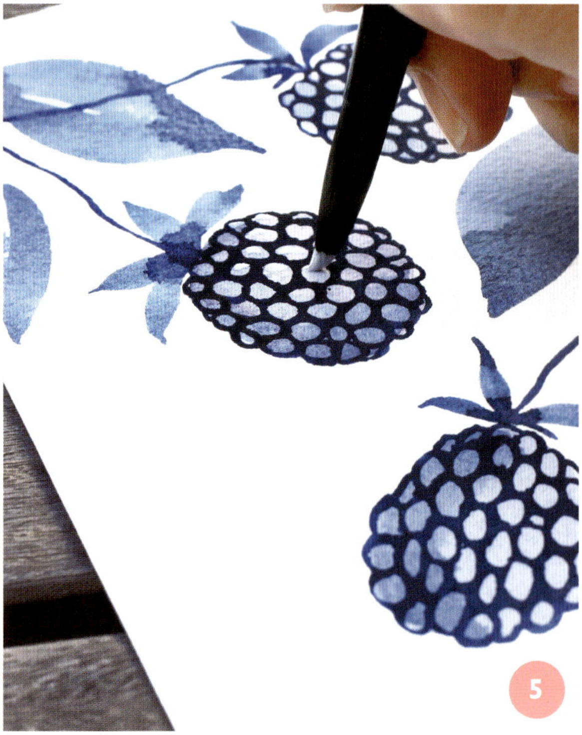

SCHRITT 4: Nun folgen die Blätter des Blütenbodens. Ich habe mich für ein monochromes Bild entschieden, du kannst für diesen Schritt aber auch eine andere Farbe verwenden.

Mit dem Pinsel Nr. 8 einen mittleren Tonwert einer Farbe eigener Wahl aufnehmen und kleine Blätter an die obere Mitte jeder Brombeere anfügen. Variiere diese Blätter. Male einige länger und einige kürzer. Mir gefällt es gut, wenn sie etwas zerzaust aussehen.

Du kannst noch Brombeerruten und Zweiglein hinzufügen, um deine Früchte zu verbinden. Ebenso kannst du die Brombeeren einzeln malen oder zu einem Muster anordnen. Verwende für Zweige ein dunkles Paynesgrau, das du mit der Pinselspitze in einer welligen, ungleichmäßigen Linie vom oberen Rand des Papiers bis zur oberen Mitte einer Brombeere aufträgst. Versuche, einige dieser Linien miteinander zu verbinden. In der Natur stehen die Beeren auch in Gruppen.

SCHRITT 5: Kleine Glanzlichter sorgen dafür, dass die Früchte besonders prall und saftig aussehen.

Nur mit der Spitze des Pinsels verdünntes Titanweiß aufnehmen und in jeden Kreis, der in Schritt 3 gemalt wurde, einen winzigen weißen Tupfer setzen. Auch diese Arbeit ist durch die ständige Wiederholung sehr entspannend. Nutze den Moment, um mehrmals tief durchzuatmen und alles aus deinem Geist zu verbannen, das dir gerade nicht gut tut.

Wenn deine Brombeeren fertig sind, nimm dir einen Moment Zeit, um deine Stimmung wahrzunehmen. Ich hoffe, du konntest beim meditativen Malen in einen Flow finden und fühlst dich jetzt konzentriert und energiegeladen – bereit, das nächste Projekt anzupacken.

Erfrischende Wassermelone

Was schmeckt mehr nach Hochsommer als ein erfrischendes Stück Wassermelone? Stell dir vor, entspannt mit ein paar Scheiben Wassermelone auf einem Teller und einem guten Roman am Pool zu relaxen. Schon der Gedanke daran fühlt sich wie eine Auszeit an!

In diesem Projekt gestalten wir ein hübsches Muster aus Wassermelonenscheiben. Die Hauptformen werden nass auf trocken gemalt und anschließend durch einige Details ergänzt.

Vor allem möchte ich dich einladen, dich im entspannenden Fluss des Rosatons zu verlieren, mit dem die Basisformen gemalt werden, und einen Moment der Stille zu finden, während du die kleinen Kerne tupfst.

Material

- Rose Doré
- Indigo
- Kadmiumgelb
- Synthetik-Rundpinsel Nr. 4
- Synthetik-Rundpinsel Nr. 0

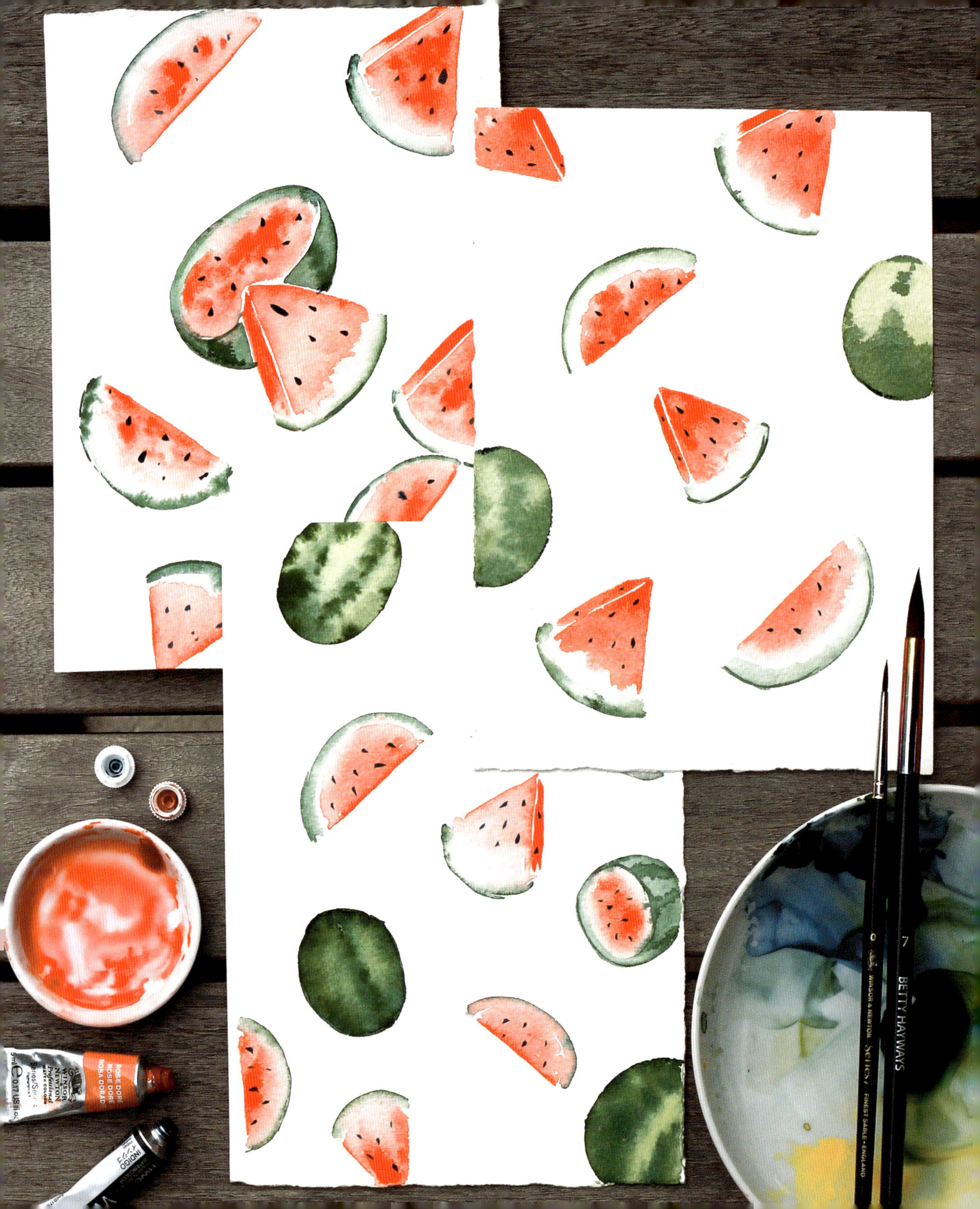
WINSOR & NEWTON
ROSE DORE
BETTY HAYWAYS
FINEST SABLE • ENGLAND

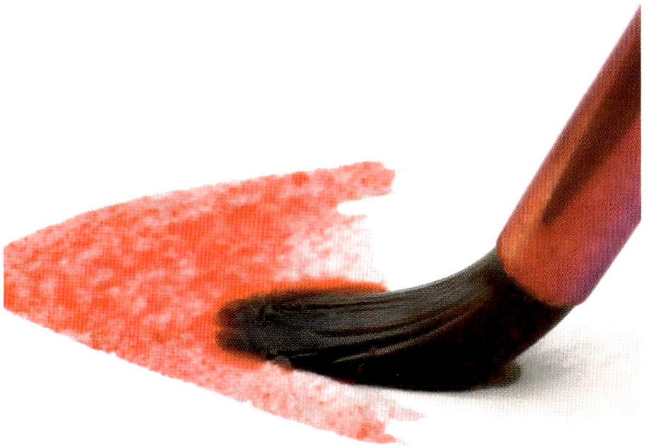

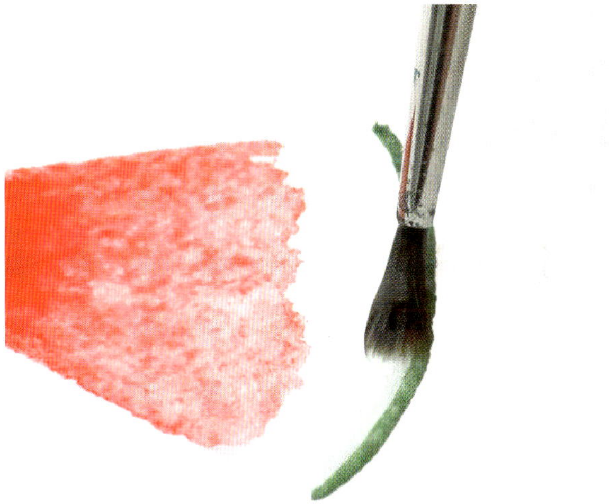

1

2

SCHRITT 1: Die Dreiecksformen (oder Halbmonde) der Melonenstücke werden nass auf trocken gemalt.

Mit dem Synthetikpinsel Nr. 4 ein mittleres Rose Doré aufnehmen und das Dreieck von der Spitze zur Rundung malen. Dafür die Pinselspitze ansetzen, abwärts ziehen und gleichzeitig Druck ausüben, und kurz vor der Rundung abheben. Die Konturen dürfen ruhig etwas ungleichmäßig aussehen.

SCHRITT 2: Die Schale der Wassermelone wird zuerst nass auf trocken gemalt und dann nass in nass verwischt.

Während das rosa Dreieck trocknet, zwei Teile mittleres Indigo und ein Teil mittleres Kadmiumgelb mischen, um ein dunkles Grün zu erhalten, das einen schönen Kontrast zum Rosa des Fruchtfleischs bildet. Das Grün mit dem kleinen Synthetikpinsel Nr. 0 aufnehmen und mit etwas Abstand zum rosa Dreieck einen Bogen malen. Den Pinsel auswaschen. Die grüne Farbe mit dem sauberen, feuchten Pinsel Richtung Fruchtfleisch weich verwischen.

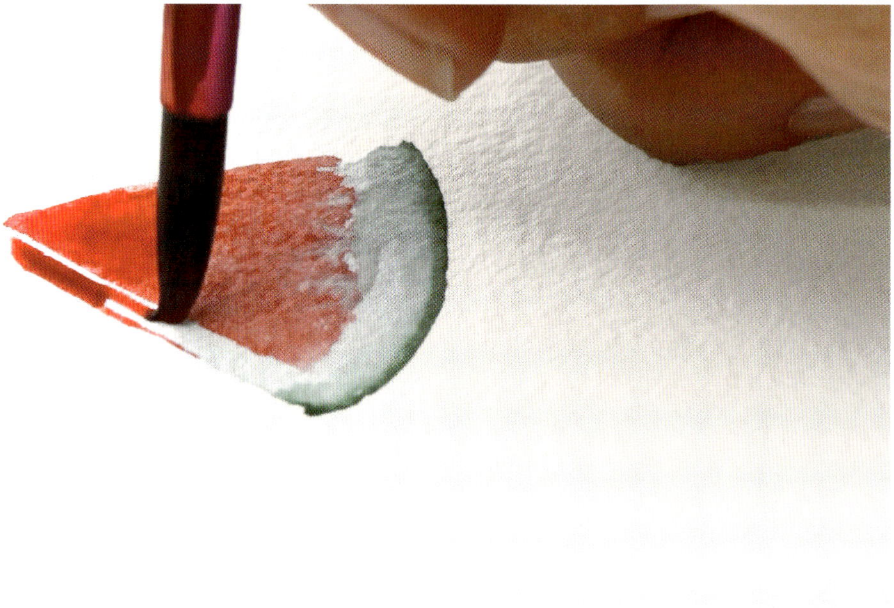

3

SCHRITT 3: Jetzt wird die schmale Seitenfläche hinzugefügt. Dadurch wirkt die Komposition dynamischer und interessanter. Mit dem Synthetikpinsel Nr. 4 dunkles Rose Doré aufnehmen und parallel zur Seitenkante des rosa Dreiecks einen schmalen Streifen malen. Etwas Abstand zum Dreieck halten: Durch die feine weiße Linie wird die Kontur der Hauptform betont.

Während die rosa Farbe trocknet, kannst du mit derselben Technik weitere Melonenstücke malen. Verteile sie auf dem Papier und konzentriere dich in diesem Schritt nur auf das Malen der rosa Dreiecke. Komm in einen Flow der Wiederholung. Denke daran, dich bei den gleichmäßigen Pinselbewegungen auch auf deinen Atem zu konzentrieren. Atme immer bewusst tief ein, bevor du den Pinsel auf das Papier setzt, und atme aus, wenn du die Farbe ausstreichst. Wenn die Grundformen gemalt sind, gib der Farbe Zeit, zu fließen und sich zu setzen.

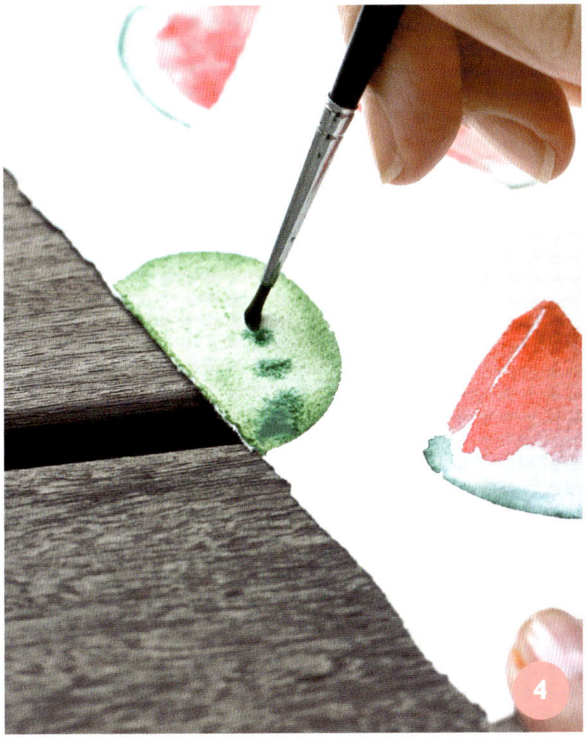

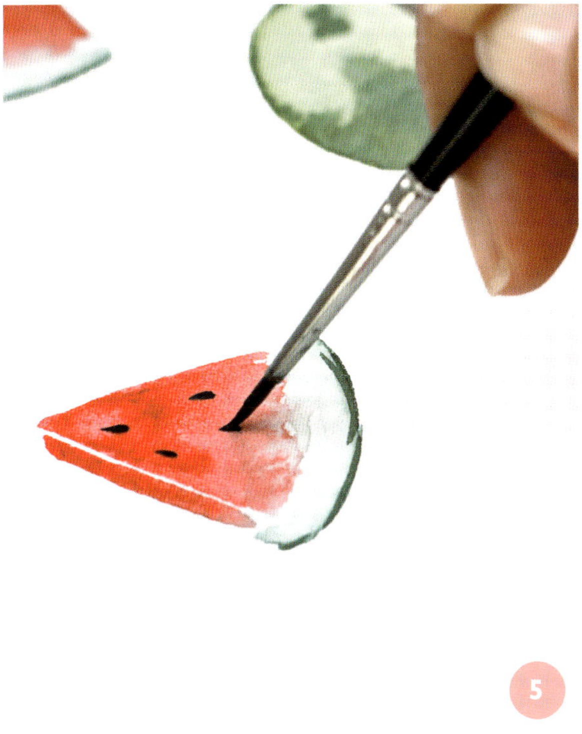

SCHRITT 4: Die ganzen Wassermelonen werden zuerst nass auf trocken gemalt und später nass in nass ausgearbeitet.

Die Dreiecke vollständig trocknen lassen, dann einige ganze Melonen malen. Mit der Farbe, die für die Schale gemischt wurde, grüne Ovale hinter einige Dreiecke oder an die Ränder des Papiers malen. Solange die Ovale noch feucht sind, mit einem dunkleren Grün kleine Wellenlinien einfügen, um die natürliche Musterung der Melonenschale anzudeuten.

SCHRITT 5: Nun fehlen noch die Kerne.

Mit dem dünnen Synthetikpinsel Nr. 0 ein dunkles Indigo aufnehmen und kleine tropfenähnliche Punkte in die Dreiecke tupfen. Dafür den Pinsel kurz aufsetzen und direkt wieder abheben. Es dauert eine Weile, alle Dreiecke mit solchen Punkten zu verzieren. Nutze die Zeit und die ständige Wiederholung der Bewegung, um alle sperrigen Gedanken aus deinem Kopf zu verbannen, und sei es nur für einige Sekunden.

Ich hoffe sehr, dass dir das Malen dieses heiteren Musters so viel Freude gemacht hat wie mir, dass du deinen Flow gefunden und einen klaren Kopf bekommen hast.

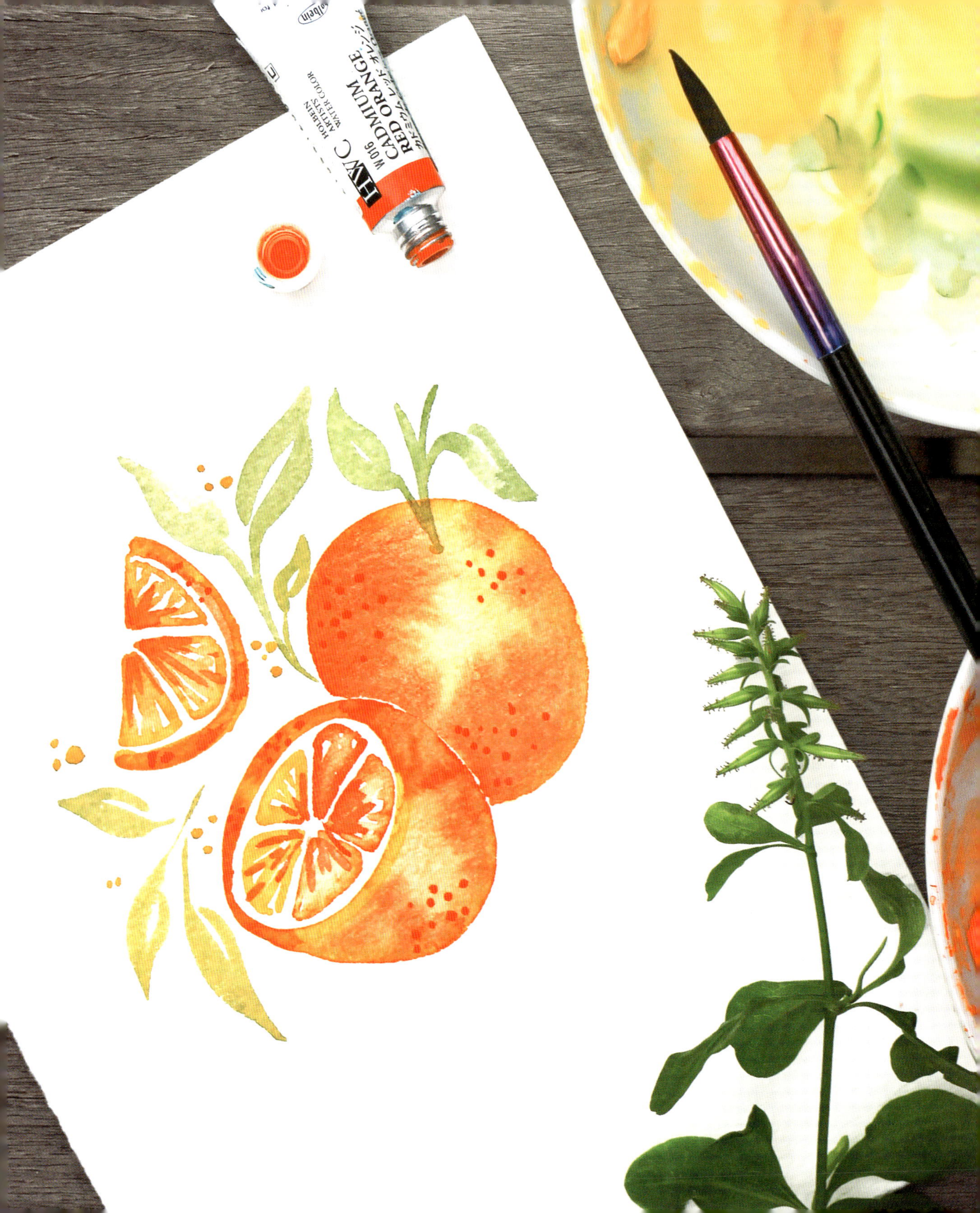
HWC
W016
RED ORANGE
HOLBEIN
ARTISTS'
WATER COLOR

Saftige Orangen

Ich erinnere mich noch genau, wie ich zum ersten Mal eine Blutorange probiert habe. Ich war etwa 30 Jahre alt und war im Atelier meiner Kunsthochschule. Ein Freund bot mir ein Stück dieser seltsam aussehenden Frucht an. Eine köstlichere Orange hatte ich noch nie gegessen. Bis dahin wusste ich nicht einmal, dass es Blutorangen gibt, und jetzt halte ich bei jedem Einkauf nach ihnen Ausschau.

Ich ertappe mich oft dabei, wie ich Muster oder Orangenscheiben zeichne, weil sie so einfach zu malen sind. Durch die einfachen Formen der Orangen ist dieses Projekt sehr entspannend, und ihre leuchtenden Farben vermitteln Energie und gute Laune!

Material

- Kadmiumgelb
- Kadmiumrot Orange
- Indigo
- Synthetik-Rundpinsel Nr. 4

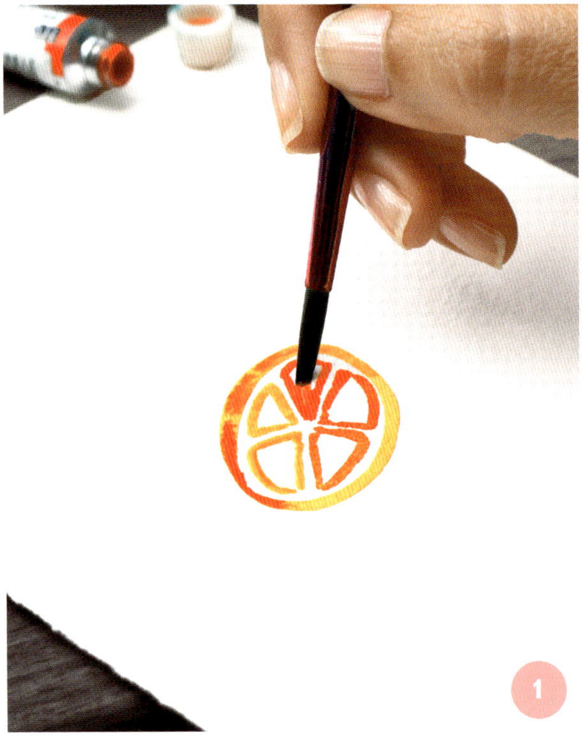

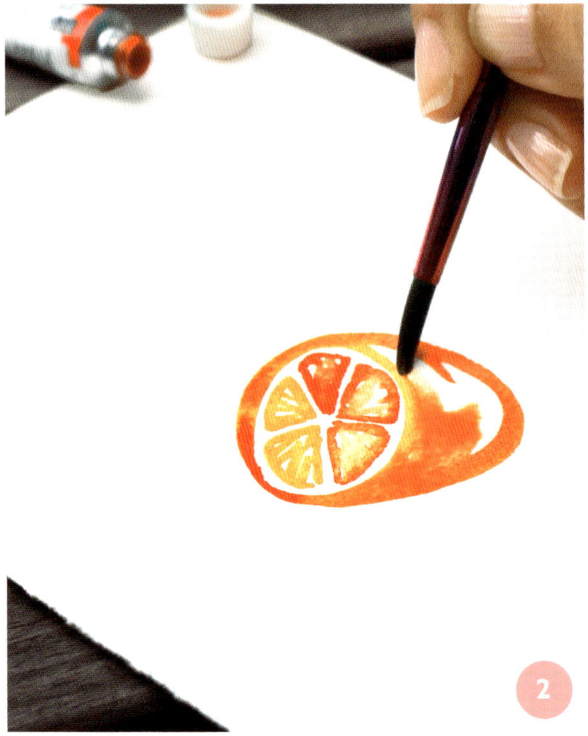

SCHRITT 1: Die erste Schicht der Grundformen wird nass auf trocken gemalt.

Mit dem Synthetikpinsel Nr. 4 ein mittleres Kadmiumgelb aufnehmen und einen Kreis von etwa 10 cm Durchmesser malen. Solange die Farbe noch feucht ist, einige Tupfer mit mittlerem Orange an den Rand setzen, um weiche Kontraste zu schaffen. In den Kreis hinein einige Dreiecke malen und diese behutsam mit kleinen Pinselstrichen ausfüllen. Zwischen den einzelnen Strichen kleine Lücken lassen, durch die das weiße Papier durchschimmert.

SCHRITT 2: Jetzt wird »der Bauch« der Orange gemalt.

Für den Fruchtkörper der Orange zuerst einen elliptischen Bogen an den in Schritt 1 gemalten Kreis anfügen und vollständig mit mittlerem Kadmiumrot Orange ausfüllen. Das Ausmalen von Formen ist sehr beruhigend. Für mich ist es wie fünfzehn Sekunden Gehirnmassage.

Während diese »Schale« trocknet, male weitere Orangen, indem du Schritt 1 variierst. Du könntest eine dreiviertel Orange malen, eine halbe Scheibe oder beides.

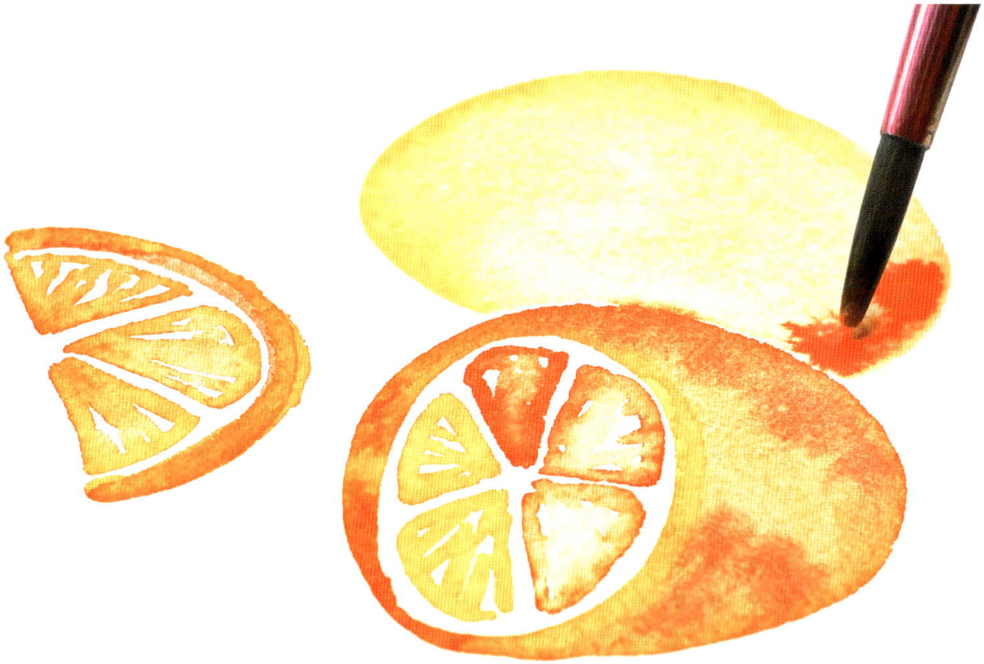

3

SCHRITT 3: Nun wird die Komposition durch eine ganze Orange ergänzt.

Wenn die bereits gemalte aufgeschnittene halbe Orange vollständig trocken ist, eine ganze Orange in den Hintergrund malen. Mit dem Pinsel ein mittleres Kadmiumgelb aufnehmen und eine (nicht ganz runde) Kreisform malen, die teilweise von der halben Orange verdeckt zu sein scheint. Übermale die halbe Orange aber nicht, sondern folge mit dem Gelb ihrer Kontur.

Es macht Spaß, einige Tupfer Kadmiumrot Orange in die feuchte Farbe zu setzen. Beobachte in aller Ruhe, wie die beiden Farben allmählich ineinanderlaufen. Durch diese Technik werden die Textur der Schale und der Schatten der Orange im Vordergrund angedeutet.

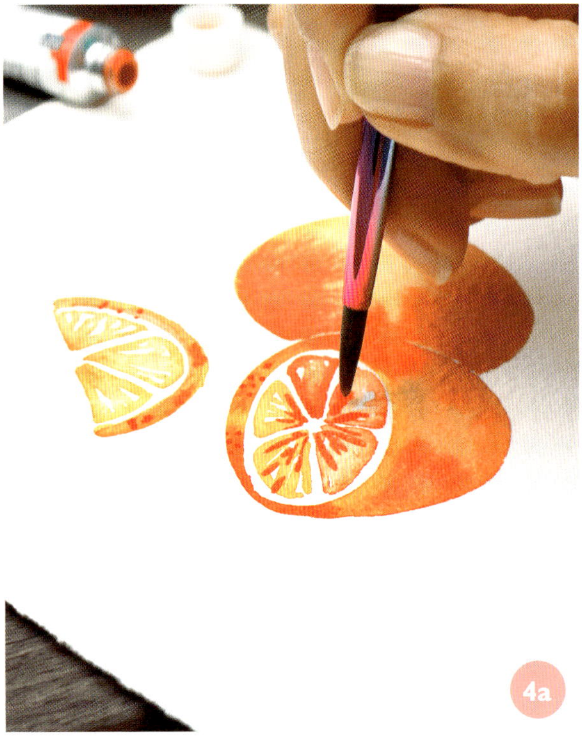

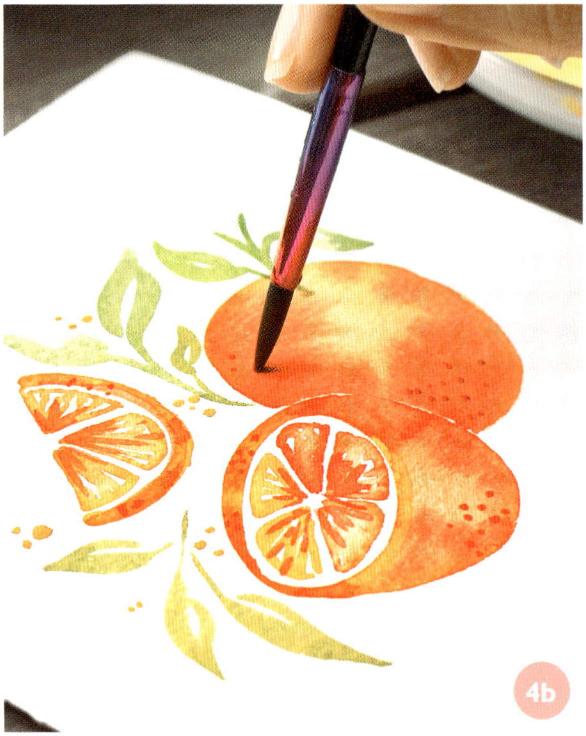

SCHRITT 4: In einer zweiten Schicht werden die Texturen und die Dreidimensionalität der Früchte weiter ausgearbeitet.

Durch eine zweite Schicht kann die räumliche Wirkung verstärkt werden, und die Früchte wirken prall und saftig. Mit einem dunklen Kadmiumrot Orange und nur mit der Pinselspitze kleine Striche auf die Dreiecke aus Schritt 1 malen.

Mit demselben Pinsel und derselben Farbe anschließend winzige Punkte, in Gruppen angeordnet, auf die Orangenschalen setzen, um ihre genarbte Oberfläche darzustellen.

Optional: Mit einem hellen Grün (gemischt aus zwei Teilen mittlerem Gelb und einem Teil hellem Indigo) kannst du nun noch einige Blätter malen, um Lücken zu füllen und alle Bildelemente zu einem Ganzen zusammenzufügen. Orientiere dich dabei an den Blättern, die du im ersten Projekt in diesem Buch (Seite 19) geübt hast.

Auf dem Kürbisfeld

Mit diesem Projekt möchte ich an Kindheitserinnerungen anknüpfen. Erinnerst du dich an das erste Mal, als du einen süßen Kürbiskuchen probiert hast? Oder an deine ersten Schnitzversuche? Wenn es draußen kälter wird, holen wir die warmen Wolldecken heraus, verbringen mehr Zeit im Haus und kommen jeden Tag ein bisschen mehr zur Ruhe.

Wenn du gern den süßlichen Geschmack einer Kürbissuppe oder eines Pumpkin Spice Latte magst, wirst du an diesen farbenfrohen, skurril geformten, prächtigen Früchten deine Freude haben.

Bei diesem Projekt wird hauptsächlich nass auf trocken gemalt. Erst zum Schluss werden einige Details nass in nass ausgearbeitet.

Material

- Kadmiumgelb
- Kadmiumrot Orange
- Indigo
- Grün (1 Teil Indigo und 2 Teile Kadmiumgelb ergeben ein schönes Grün)
- Weicher Rundpinsel Nr. 4

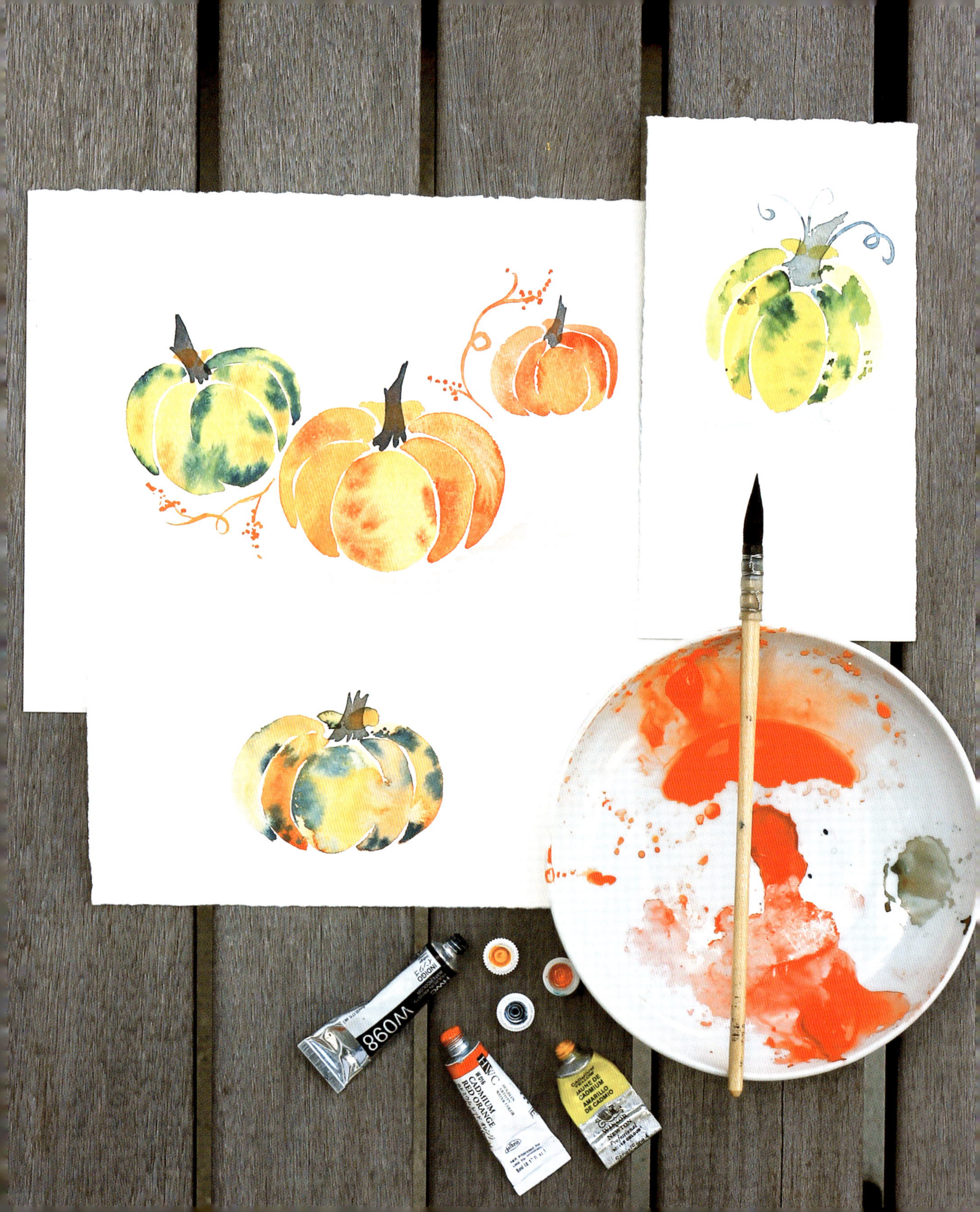

INDIGO
WV098
HWC
CADMIUM
RED ORANGE
JAUNE DE CADMIUM
CADMIUM
AMARILLO DE CADMIO
WINSOR
NEWTON

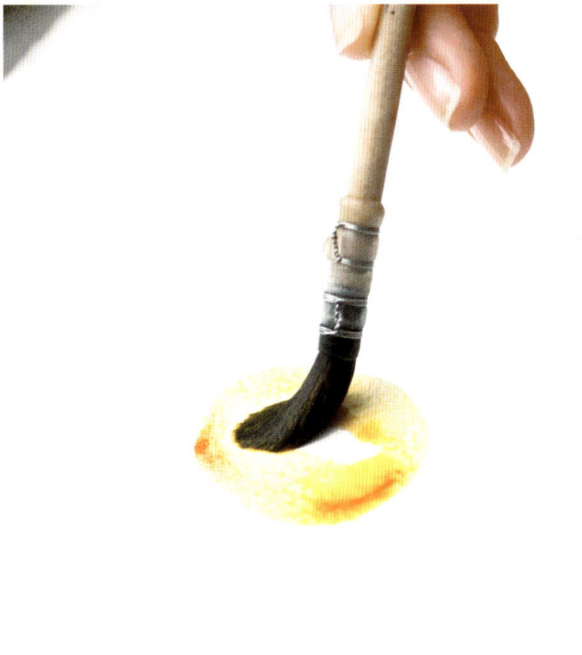

1a

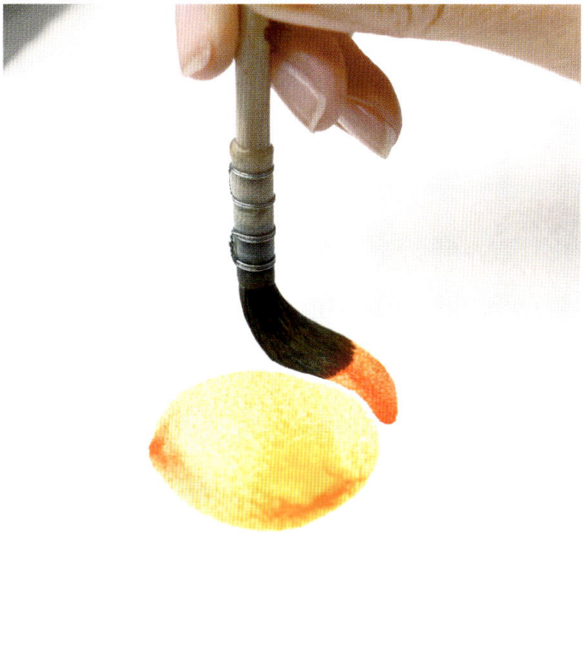

1b

SCHRITT 1: Wir beginnen damit, die Form des Kürbisses zu zerlegen und so zu vereinfachen.

Ein Kürbis ist im Grunde nur ein Oval mit beiseitig angefügten, c-förmigen Bögen.

Mit dem weichen Rundpinsel Nr. 4 ein mittleres Kadmiumgelb aufnehmen und in die Mitte des Papiers ein kleines Oval malen.

Mit der Spitze des Pinsels wenig mittleres Kadmiumrot Orange aufnehmen und in einem Zug einen kleinen c-förmigen Bogen neben das gelbe Oval anfügen. Lass zwischen dem Oval und dem Bogen eine kleine Lücke, damit die beiden Formen gut erkennbar bleiben.

Erinnere dich an die ersten Blätter, die du mit diesem Buch gemalt hast, und atme langsam und gleichmäßig, während du den Pinsel achtsam führst, um diese Grundformen zu malen.

An jeder Seite des gelben Ovals werden zwei c-förmige Bögen angefügt, außerdem zwei sehr kleine an seiner Oberseite. Zwischen dem Oval und allen Bögen muss etwas Platz für den Stiel frei bleiben.

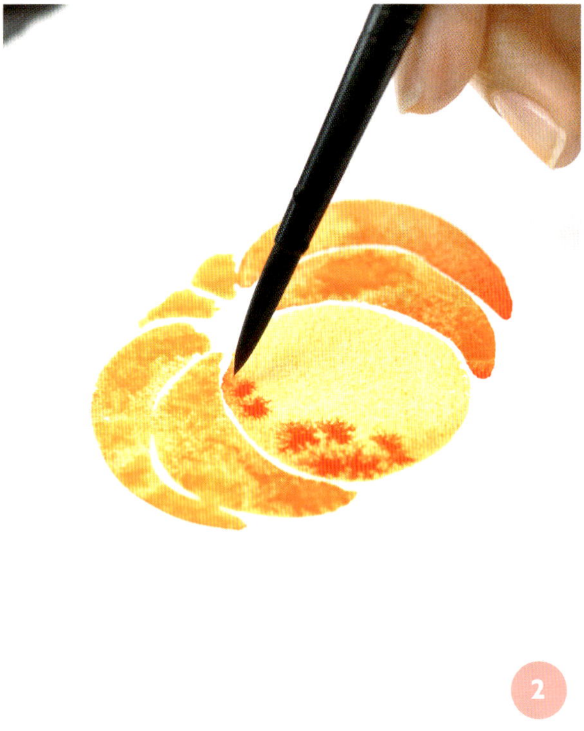

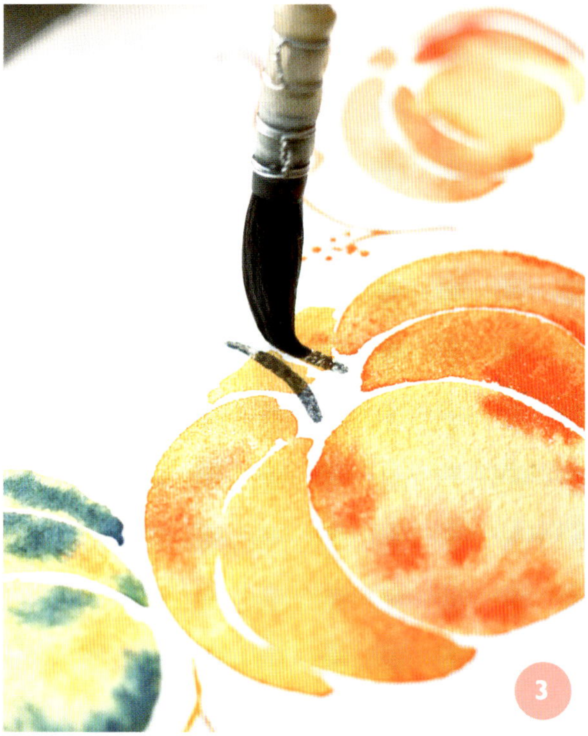

SCHRITT 2: Nun werden die Textur und Maserung der Kürbisschale angedeutet.

Bevor die Farben ganz trocken sind, etwas Orange, Indigo oder Grün – jeweils in mittlerem Tonwert – auf die Kürbisse tupfen. Dadurch wirken die Kürbisse gleich viel natürlicher. Ich schaue so gern zu, wie sich die kleinen Farbtupfer allmählich in der nassen Farbe ausbreiten. Nimm dir die Zeit, die Farben beim Ineinanderlaufen zu beobachten. Das dauert nur Sekunden, ist aber sehr entspannend.

SCHRITT 3: Wenn der Stiel hinzugefügt wird, werden aus deinen Formen plötzlich realistisch wirkende Kürbisse.

Wenn die Farben vollständig trocken sind, den Stiel mit einem mittleren Braun hinzufügen. Auf einem separaten Teller mittleres Orange und mittleres Indigo 1:1 mischen, um ein dunkles Braun zu erhalten.

In die Lücke zwischen den beiden kleinen Bögen mit dem Braun zwei dünne Bögen Rücken an Rücken malen und den Zwischenraum ausfüllen. Fertig ist der Kürbisstiel.

Jetzt kannst du weitere Kürbisse in anderen Farbkombinationen malen, beispielsweise einen gelben Kürbis mit Tupfern in Indigo oder einen orangefarbenen Kürbis mit grüner Maserung. Aus einem Teil Indigo und zwei Teilen Gelb lässt sich ein schönes Grün mischen. Die Möglichkeiten sind vielfältig, und mit Farbe und Form der Kürbisse kannst du nichts falsch machen.

Ich hoffe, dir hat dieses Projekt Freude gemacht und du konntest fasziniert verfolgen, wie die Farben auf dem Papier ineinander verlaufen.

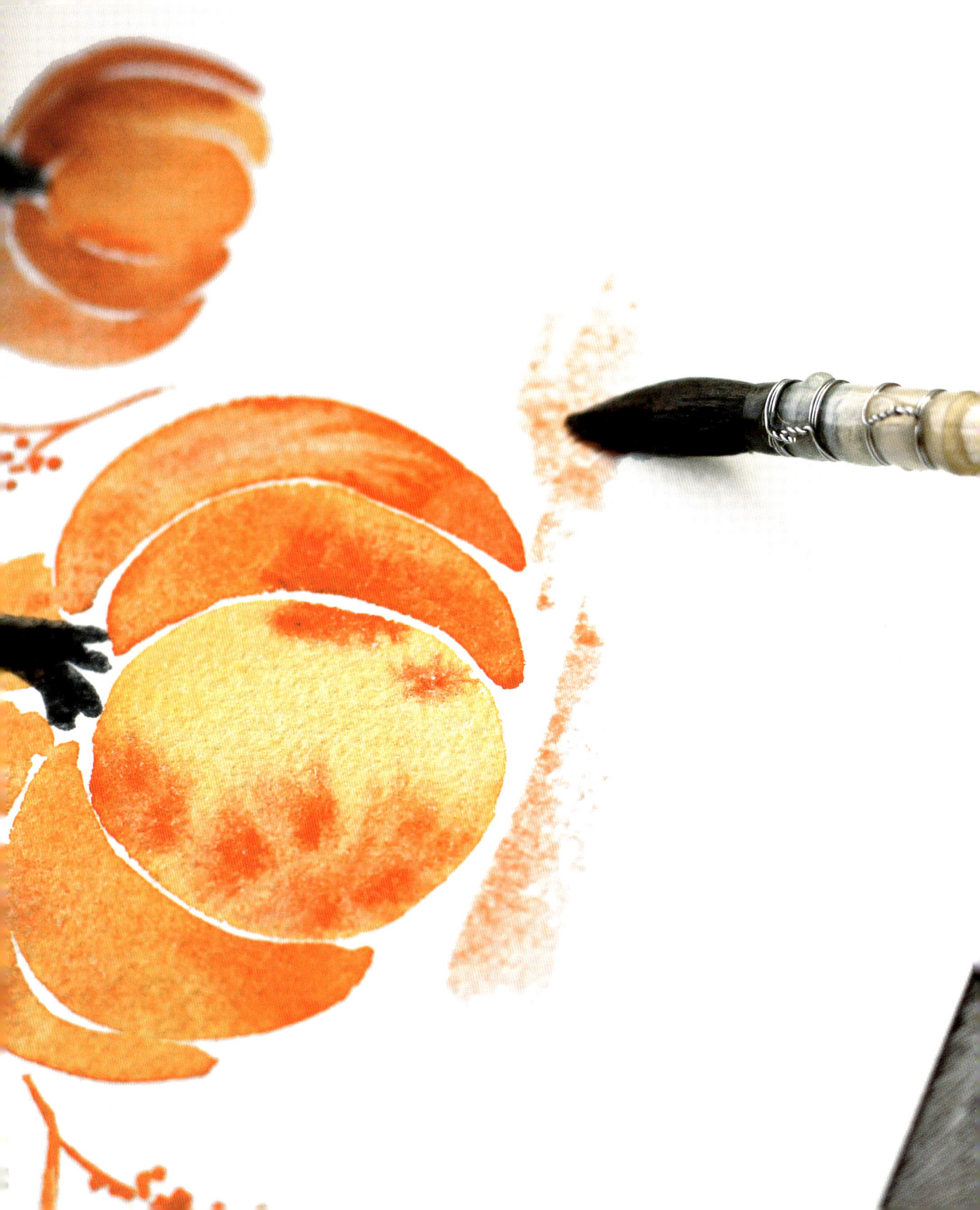

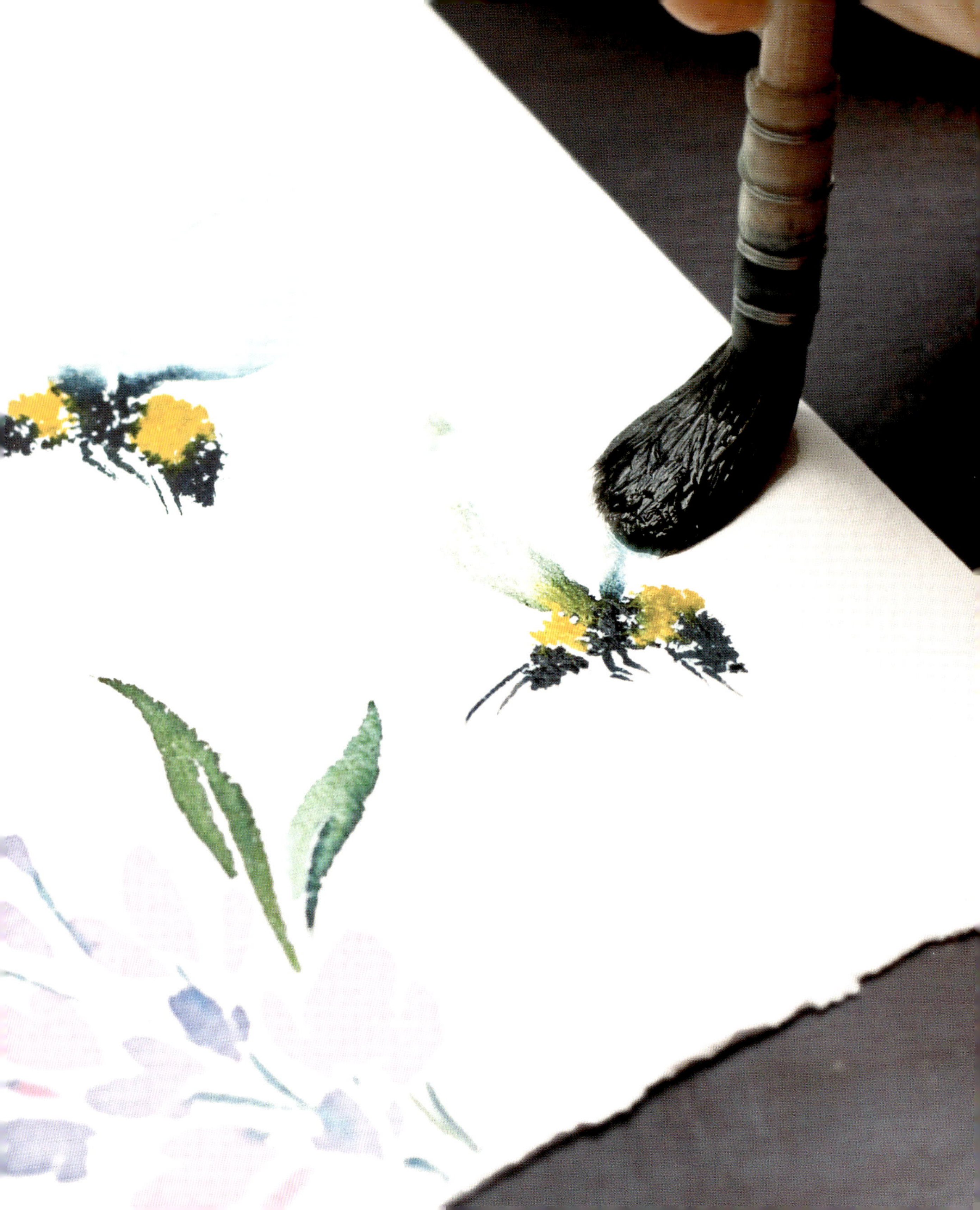

Niedliche *Tiere*

Tiere sind einfach faszinierend, man könnte sie stundenlang beobachten. Bestimmt denkst du, dass Tiere zu malen sehr schwierig sei, denn wie malt man etwas, das immerzu in Bewegung ist?

In diesem Kapitel zeige ich eine einfache und entspannende Methode, niedliche Tiere mit so wenig Aufwand und Präzisionsdruck wie möglich zu malen. Ich male beispielsweise sehr gern Pinguine, denn dafür braucht man wirklich nur eine Farbe, einen Pinsel und etwas Wasser. Man drückt den Pinsel auf das Papier, und schon hat man die süßesten kleinen verspielten Pinguine! Bienen liegen mir besonders am Herzen, schon weil sie immer seltener werden, aber sie sind auch supereinfach zu malen. Ich liebe den starken Farbkontrast zwischen klarem Gelb und dunklem Indigo. Es ist schon erstaunlich, wie die Natur so perfekte kleine Geschöpfe erschaffen konnte.

In diesem letzten Kapitel kommen alle Techniken zum Einsatz, die du im Laufe des Buchs kennengelernt hast, von den Pünktchen, die bei der Schwarzäugigen Susanne vorkamen (Seite 28) bis zu den ziehenden Bewegungen, die du beim Malen der ersten Blätter geübt hast (Seite 19).

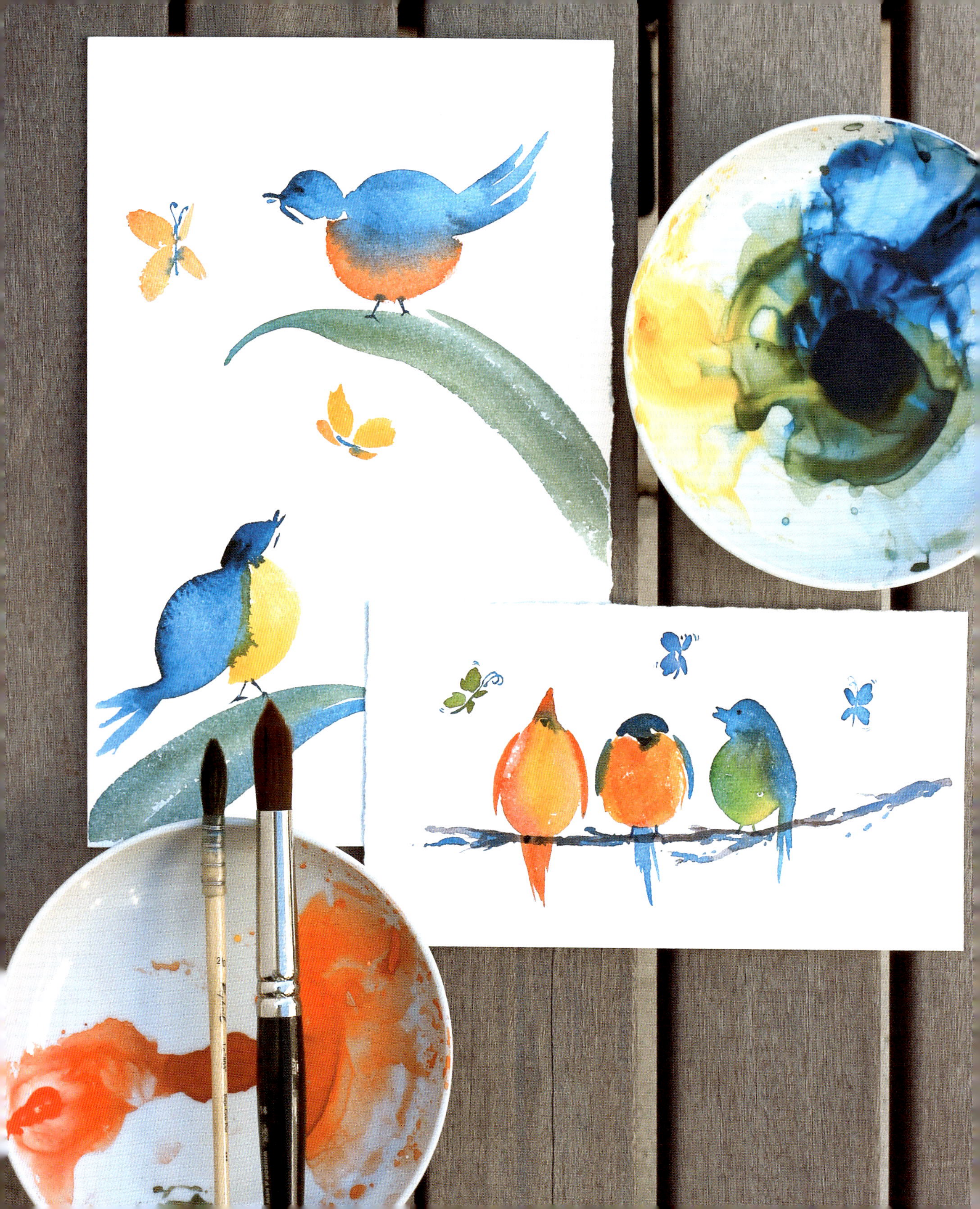

Zwitschernde Vögel

Funfact: Mein Wecker simuliert einen friedlichen Sonnenaufgang, indem er langsam heller werdendes Licht verströmt und mich zusätzlich mit anschwellendem Vogelgezwitscher weckt. Ist das nicht eine schöne Art, jeden Morgen aufzuwachen? Wenn du mich fragst, ist dieser Wecker jeden Cent wert!

Vögel in ihrer einfachsten Form sind drei sich überlappende Ovale mit ein paar Pinselstrichen für den Schwanz und den Schnabel. Ich hoffe, dass du die einzelnen, sehr langsamen Bewegungen beim Malen eines Vogelkörpers entspannend und befriedigend zugleich finden wirst.

Bei diesem Projekt werden die Formen der Vogelkörper hauptsächlich nass auf trocken gemalt, aber gelegentlich dürfen die Farben innerhalb der Formen ineinander verlaufen. Lass die Farben fließen, wohin sie wollen, und nimm dir einen Moment, ihnen dabei einfach zuzusehen.

Material

- Kadmiumrot Orange
- Indigo
- Kadmiumgelb
- Synthetik-Rundpinsel Nr. 14
- Weicher Rundpinsel Nr. 4

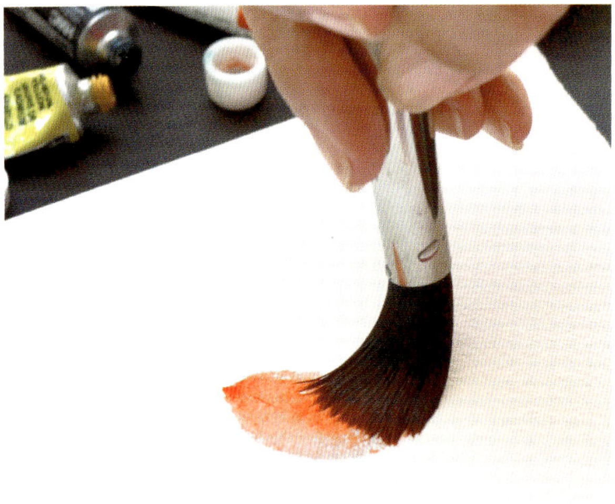

1

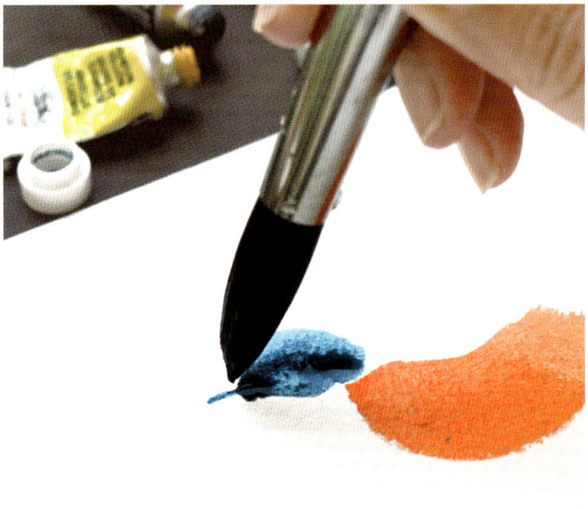

2

SCHRITT 1: Zuerst wird der Bauch des Vogels gemalt.

Mit dem Synthetikpinsel Nr. 14 ein mittleres Kadmiumrot Orange aufnehmen und mit einer langsamen, fließenden Bewegung ein halbes Oval malen. Dabei den Pinsel ziehen und leichten Druck ausüben, aber langsam, damit möglichst die ganze Farbe aus dem Pinsel auf das Papier übertragen wird.

SCHRITT 2: Für den Kopf wird eine andere Farbe verwendet.

Den Synthetikpinsel Nr. 14 auswaschen und ein mittleres Indigo aufnehmen. Für den Kopf einen kleinen Halbkreis an das halbe Oval anfügen, dabei einen winzigen Zwischenraum lassen. Den Schnabel durch einen dünnen Strich mit der Pinselspitze andeuten.

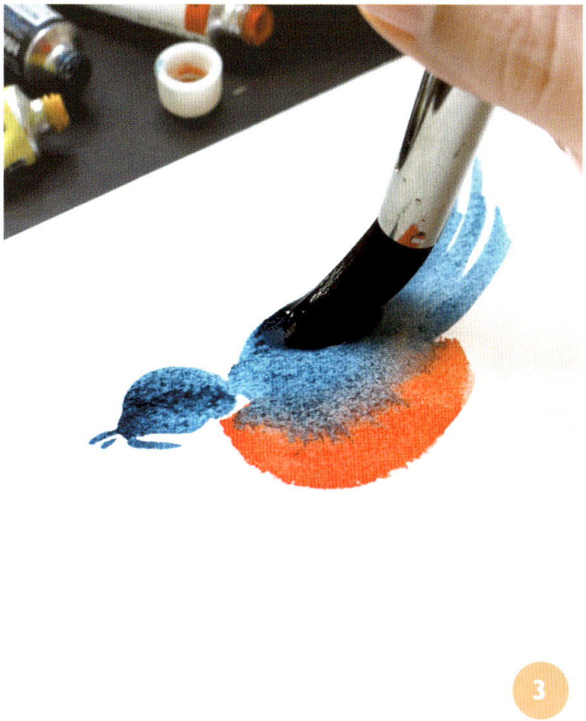

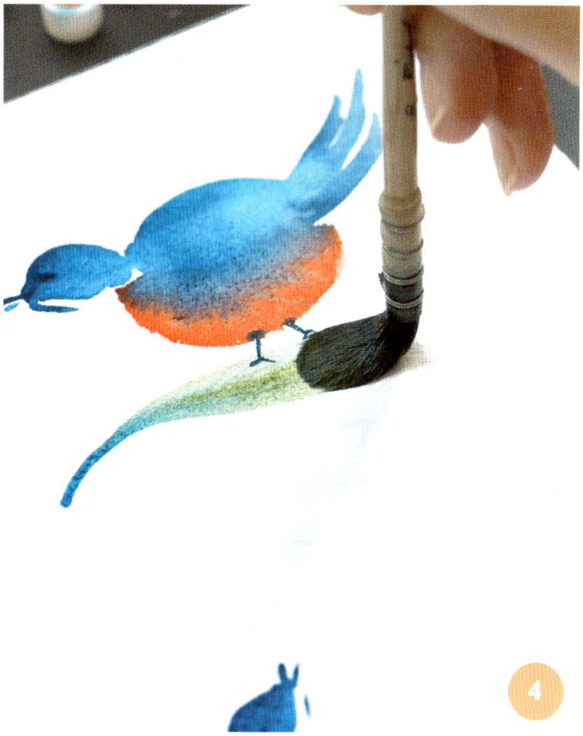

SCHRITT 3: Nun wird der Vogelkörper vervollständigt.

Mit demselben Pinsel und der Farbe, die für den Kopf verwendet wurde, den Vogelkörper mit einem oder zwei Pinselstrichen vervollständigen. Nimm dir einen Moment Zeit, um zu beobachten, wie das Blau und das noch feuchte Orange ganz natürlich ineinander verlaufen.

Manipuliere die Farben nicht weiter mit dem Pinsel, sondern lass sie einfach auf dem Papier fließen, wie sie mögen.

Wenn der obere Körper des Vogels fertig ist, dieselbe Farbe mit einem leichten Aufwärtsschwung fortführen, um den Schwanz des Vogels darzustellen.

Kleinere Details wie Schnabel und Beine können mit der Spitze des mittleren weichen Pinsels Nr. 4 und etwas dunklem Indigo hinzugefügt werden.

SCHRITT 4: Um den Vogel in einen Kontext zu stellen, fehlt noch ein Blatt, auf dem er sitzt. Damit ist die Komposition vollständig.

Ein Teil mittleres Kadmiumgelb und ein Teil helles Indigo mischen, um ein helles Grün zu erhalten. Dieses Grün mit dem weichen Pinsel Nr. 4 aufnehmen und ein längliches, gekrümmtes Blatt malen. Zu Beginn nur die Pinselspitze aufsetzen, dann für den breiteren Teil des Blatts den Pinsel ziehen und gleichzeitig Druck ausüben. Am Ende den Pinsel mit einer fließenden Bewegung vom Papier heben.

Schon beim zweiten Projekt in diesem Buch (Seite 23) haben wir gesehen, dass das langsame Malen der länglichen Blätter auf dem strukturierten Papier eine sehr beruhigende Wirkung hat.

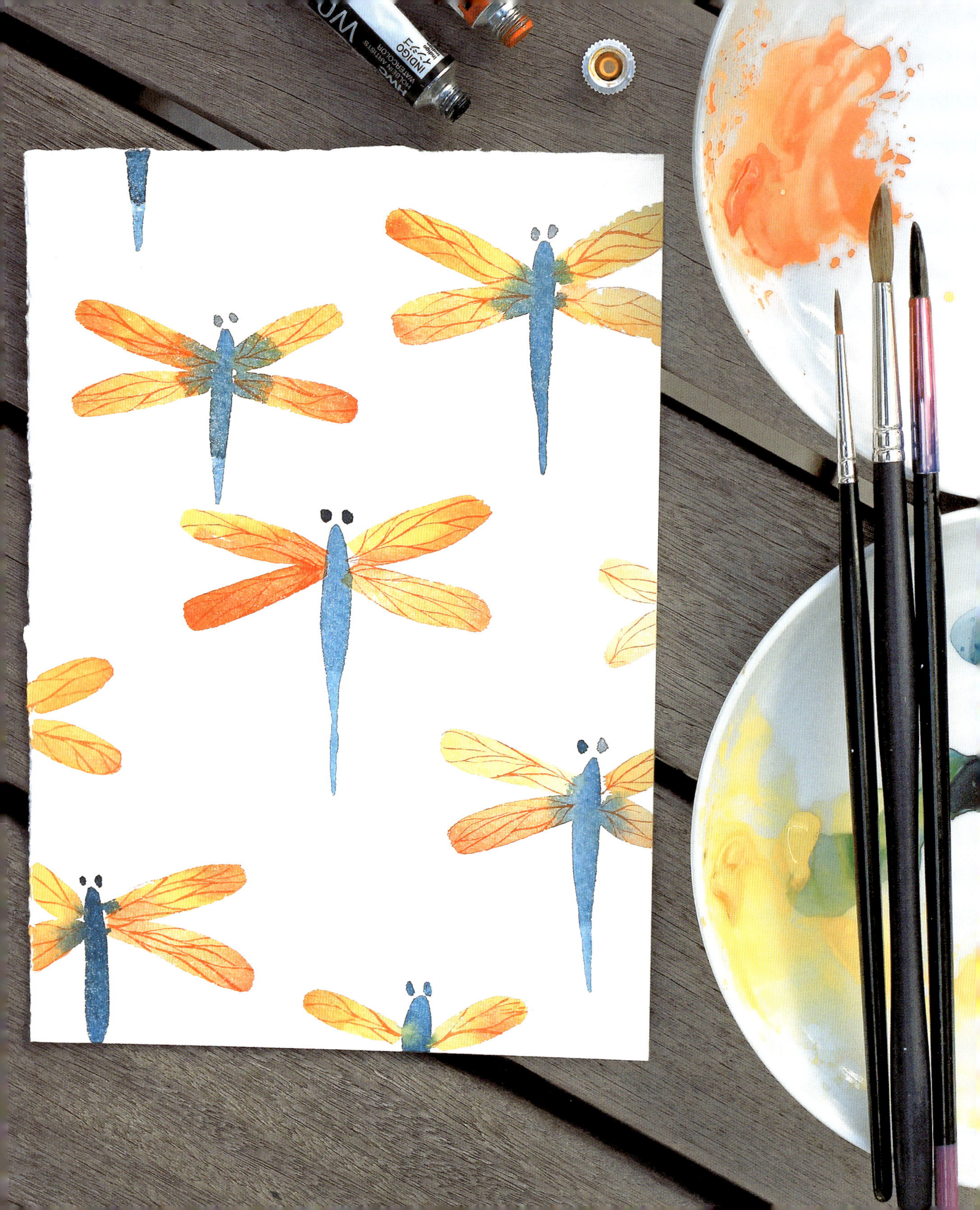
HWC
HOLBEIN ARTISTS'
WATERCOLOR
INDIGO

Zarte Libellen

Wer im Süden Floridas lebt, lernt eine Vielzahl kleiner Insekten kennen. Ehrlich gesagt, mag ich von allen eigentlich nur Libellen wirklich gern. Sie sind so zart, zerbrechlich und durchsichtig – man kann sie sich gar nicht anders als mit Aquarellfarben gemalt vorstellen.

Bei diesem Projekt geht es noch einmal darum, Atmung und Pinselstriche in Einklang zu bringen, denn die Flügel der Libellen werden mit einem einzigen Pinselstrich gemalt. Ich hoffe, du findest das Malen dieses Motivs auch so entspannend und kannst dir damit einen Moment der Ruhe im Alltag verschaffen.

Material

- Kadmiumgelb
- Kadmiumrot Orange
- Indigo
- Weicher Rundpinsel Nr. 4
- Synthetik-Rundpinsel Nr. 4
- Weicher Rundpinsel Nr. 0

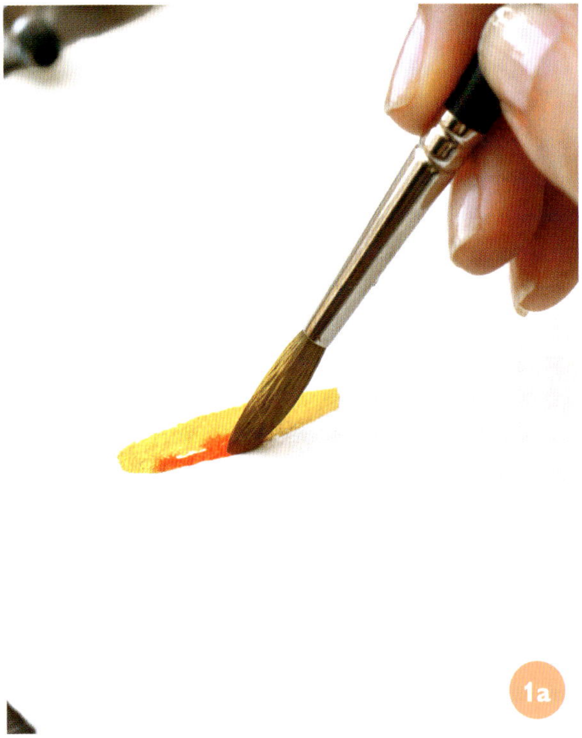

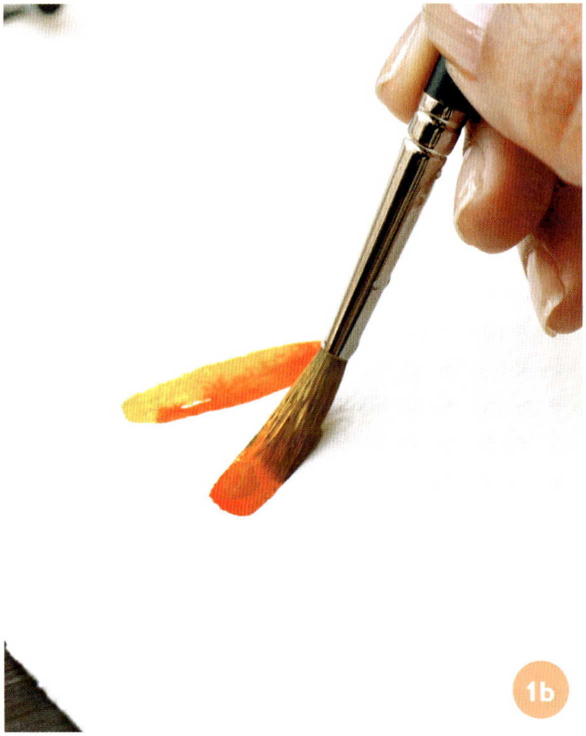

SCHRITT 1: Jeder Flügel wird zunächst mit einem einzigen Pinselstrich nass auf trocken gemalt.

Achte auf deine Atmung, wenn du den Pinsel sanft über das Papier ziehst. Das wird dir helfen, die Hand ruhig zu halten. Dadurch werden die Pinselbewegungen geschmeidiger.

Mit dem weichen Rundpinsel Nr. 4 ein mittleres Kadmiumgelb aufnehmen und langsam einen breiten, 7–8 cm langen Strich malen. Dabei den Pinsel schräg abwärts ziehen. Dann nur die Spitze des Pinsels in Kadmiumrot Orange tauchen und die Unterkante des eben gezeichneten Strichs nochmals nachziehen.

Mit derselben Farbe und demselben Pinsel einen zweiten Strich gleicher Breite und Länge malen, diesmal jedoch schräg aufwärts.

Stell dir den Körper der Libelle (er wird erst später gemalt) als geraden Balken zwischen zwei Flügelpaaren vor. Etwa eine Bleistiftbreite frei lassen und ein weiteres Flügelpaar spiegelverkehrt auf der anderen Seite des gedachten Körpers hinzufügen. Damit sind die Grundformen der Libellenflügel fertig.

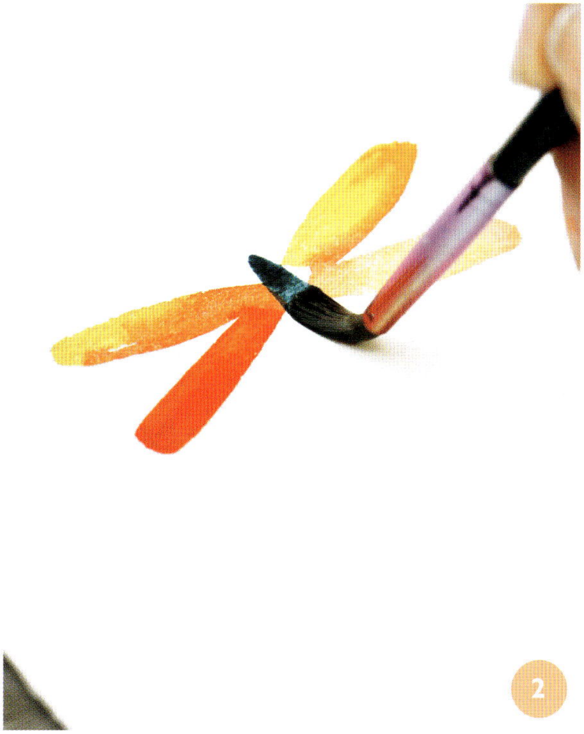

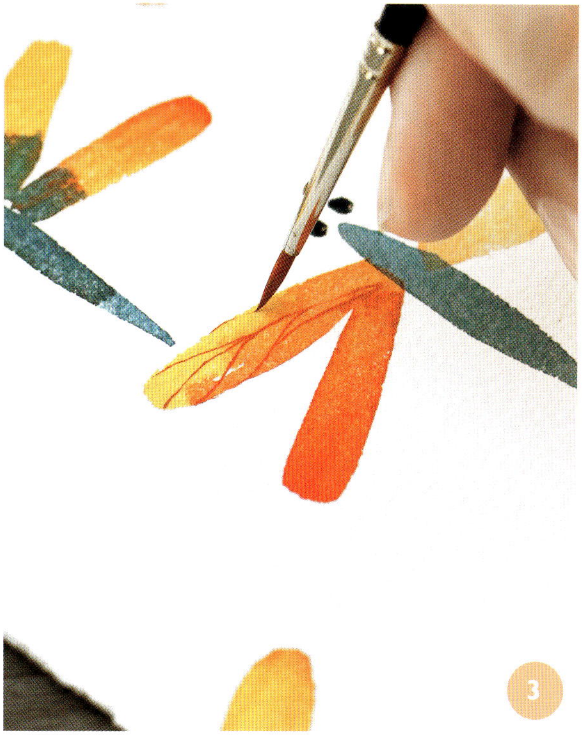

SCHRITT 2: Der Körper der Libelle wird stark vereinfacht. Solche einfachen Formen sind vor allem für Motivgruppen legitim und sogar vorteilhaft.

Mit dem Synthetik-Rundpinsel Nr. 4 ein mittleres Indigo aufnehmen und langsam einen senkrechten Strich zwischen die beiden Flügelpaare malen. Den Pinsel am Anfang nur mit der Spitze aufsetzen, dann etwas stärkeren Druck ausüben, sodass die Pinselhaare auf dem Papier aufspreizen. Am Ende des Strichs den Pinsel mit einer langsamen, fließenden Bewegung heben. Für die Augen der Libelle mit der Pinselspitze zwei kleine Punkte über das obere Ende des Strichs setzen.

Die Libelle vollständig trocknen lassen. Währenddessen kannst du weitere Libellen regelmäßig angeordnet malen.

Nachdem die erste Libelle trocken ist, mit dem nächsten Schritt fortfahren und das Muster der Flügel ausarbeiten.

SCHRITT 3: Mit dem dünnen Pinsel Nr. 0 ein dunkles Kadmiumrot Orange aufnehmen und behutsam einen Strich malen, der in Längsrichtung in der Mitte eines Flügels verläuft. An diesen Strich einige kürzere anfügen. Weil sämtliche Flügel auf diese Weise ausgearbeitet werden, ist dies eine gute Übung, um in einen Flow zu kommen und dich ganz auf die zarten Striche zu konzentrieren. Erlebe dabei, wie dein Geist langsam die innere Stimme zum Schweigen bringt und du einen Moment der Ruhe genießen kannst.

Ich hoffe, dass du nach dem Malen dieses Motivs sehr entspannt bist und dich beim Anschauen der schönen, zarten Libellen ganz unbeschwert fühlst.

Freundliche Pinguine

»Wenn man einen Pinguin betrachtet, kann man einfach nicht verärgert sein.«
John Ruskin, 4. November 1860

Dieses Projekt mag ich besonders gern, weil es so einfach ist, und weil man so schön mit der weichen Bewegung der Farben spielen kann, wenn sie sich auf dem Papier mit dem Wasser mischen.

Material

- Paynesgrau
- Weicher Rundpinsel Nr. 2

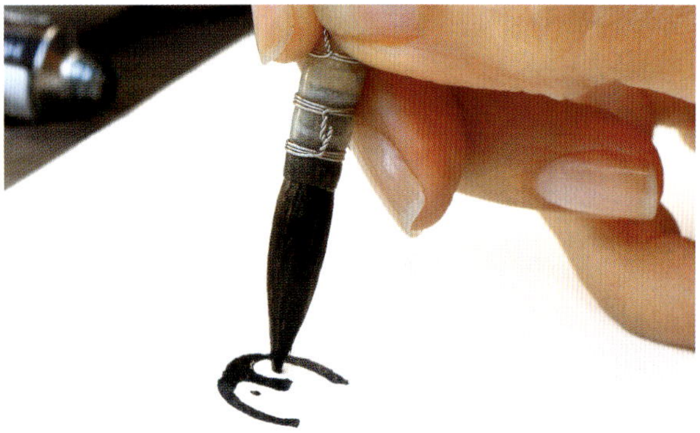

1

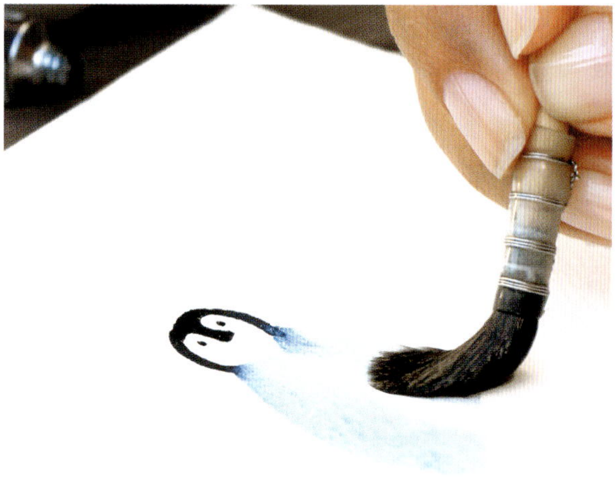

2

SCHRITT 1: Das Gesicht des Pinguins wird nass auf trocken gemalt.

Mit der Spitze des weichen Pinsels Nr. 2 ein dunkles Paynesgrau aufnehmen und ein umgekehrtes, bauchiges U mit einem etwas kürzeren Strich in der Mitte malen. Zwei Punkte für die Augen hinzufügen.

SCHRITT 2: Der Körper das Pinguins ist besonders befriedigend zu malen, weil man zuschauen kann, wie die Farbe mühelos fließt und die weichen Formen bildet.

Den Pinsel gründlich mit klarem Wasser auswaschen, dann die Farbe vom unteren Ende des umgekehrten U nach unten ziehen. Dabei mit leichten Druck beginnen und enden, in der Mitte den Druck verstärken. Das ist eine Seite des Pinguinkörpers. Die andere Seite ebenso malen – und fertig ist der Körper.

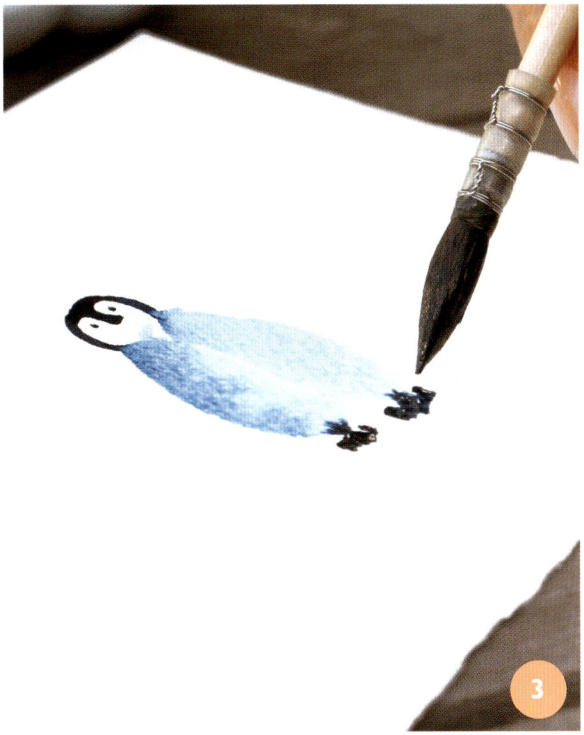

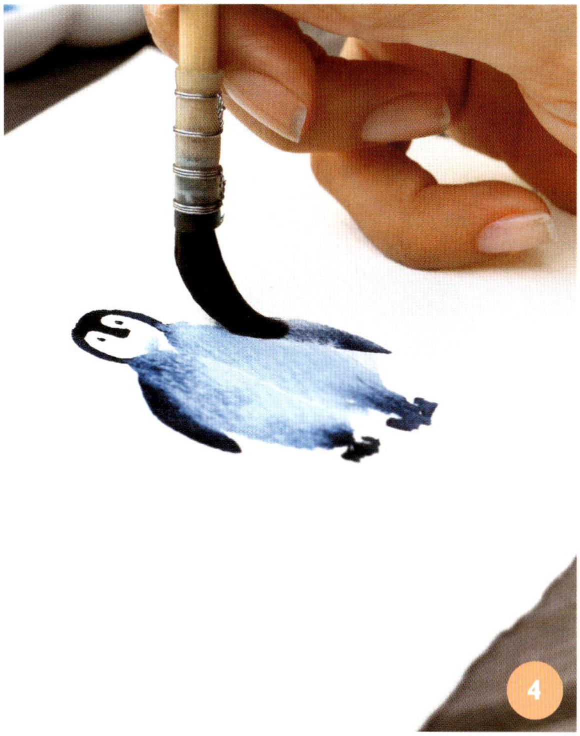

SCHRITT 3: Der Pinguin bekommt Füße.

Nur mit der Spitze des Pinsels etwas dunkles Paynesgrau aufnehmen und unter dem Körper des Pinguins zwei dicke Wellenlinien malen. Mehr ist nicht nötig, um niedliche Pinguinfüße anzudeuten.

Tipp: Wenn du eine Wellenlinie etwas kleiner und niedriger malst als die andere, sieht es aus, als würde der Pinguin gerade einen Fuß drehen und heben, um einen Schritt vorwärts zu gehen.

SCHRITT 4: Die Flügel werden mit einfachen Pinselstrichen angefügt.

Mit demselben Pinsel wieder nur mit der Spitze etwas mittleres Paynesgrau aufnehmen. Die Pinselspitze etwa auf halber Höhe des Körpers neben dem Bauch ansetzen und aufwärts zum Kopf führen, dabei in der Mitte den Druck leicht verstärken und am Kopf wieder etwas verringern.

Schau dir in Ruhe an, wie das dunkle Pigment sich auf dem Papier langsam mit dem Wasser mischt – wie in einem magischen Reigen.

Auf dieselbe Weise kannst du nun weitere Pinguine malen. Sie könnten auch zur Seite schauen oder die Flügel vom Körper abheben. Immer mit dem dunklen Kopf beginnen und dann die Farbe mit dem Wasser verlaufen lassen. Male eine ganze Pinguinfamilie. Einige Kleckse, die locker auf der Bildfläche verteilt werden, können wie Schneeflocken wirken. Dafür wiederholt mit dem Pinsel verschiedene Nuancen von Paynesgrau aufnehmen. Den Pinsel etwa 20 cm über das Papier halten und mit einem anderen Pinsel auf seinen Stiel klopfen, sodass Farbkleckse auf das Papier fallen. Viel Freude dabei!

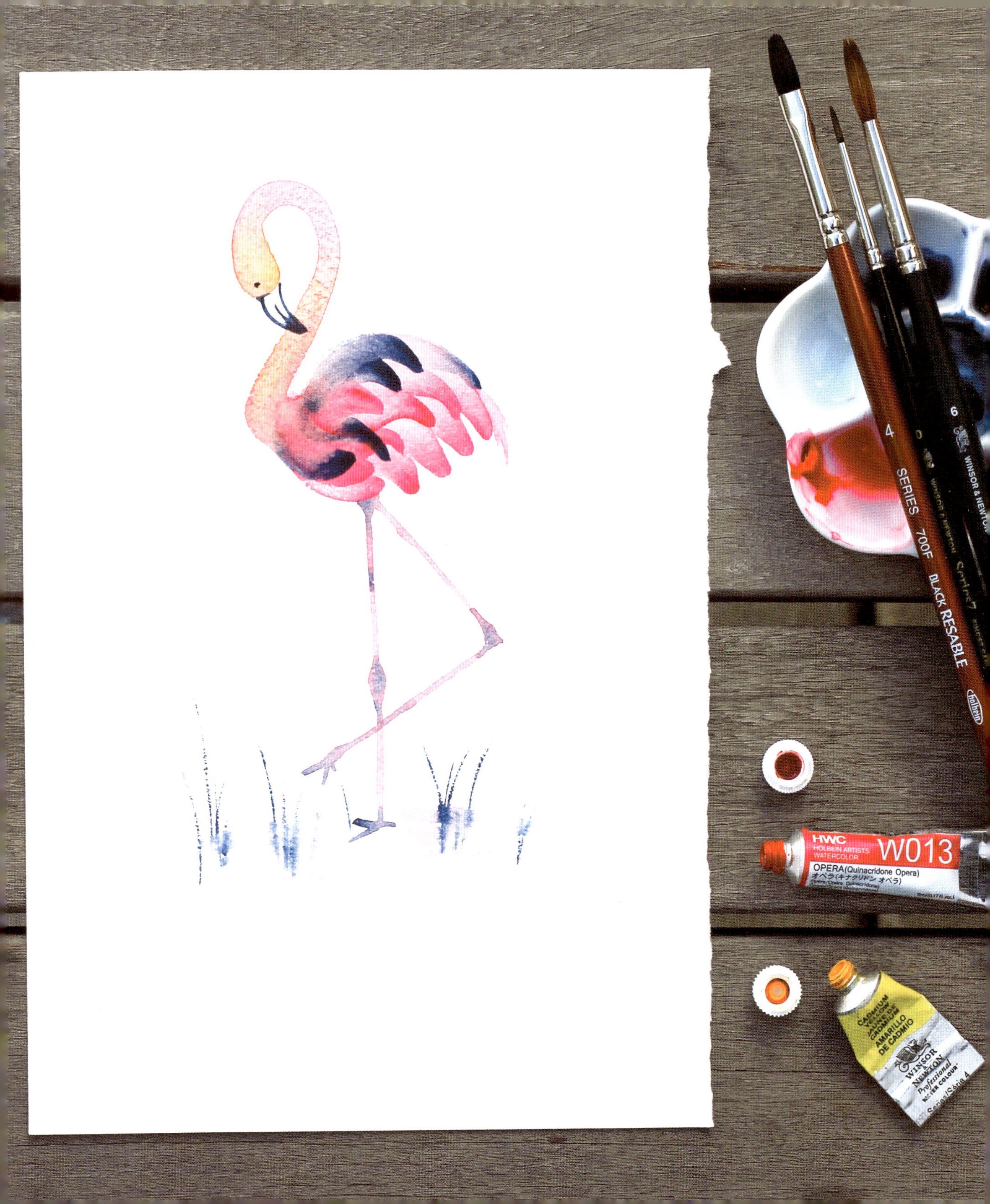

SERIES 700F BLACK RESABLE
WINSOR & NEWTON
HWC
HOLBEIN ARTISTS WATERCOLOR
W013
OPERA(Quinacridone Opera)
オペラ(キナクリドン オペラ)
CADMIUM YELLOW
AMARILLO DE CADMIO
WINSOR & NEWTON
Professional

Majestätischer Flamingo

Flamingos sind majestätische, elegante Geschöpfe. Sie sehen mit ihren langen Hälsen, dürren Beinen und rosafarbenen, flauschigen Federn einfach fabelhaft aus, dabei bleiben sie ganz unbeeindruckt, wenn sie bewundert werden. Und sie sind tatsächlich ganz einfach zu malen!

Bei diesem Projekt wird ein Flamingo aus ganz einfachen Grundformen aufgebaut. Außerdem wirst du weiche und lang gezogene Pinselstriche üben, die dir Ruhe und Entspannung schenken.

Denke daran, dass Flamingos weich und sanftmütig sind, und versuche, dies durch langsam und kontrolliert ausgeführte Pinselstrichen auszudrücken. Du kannst dich bei diesem Motiv in Achtsamkeit üben und bei den weichen Schwüngen des Halses Ruhe finden.

Material

- Opernrosa
- Kadmiumgelb
- Paynesgrau
- Weicher Rundpinsel Nr. 6
- Weicher Katzenzungenpinsel Nr. 4
- Weicher Rundpinsel Nr. 0

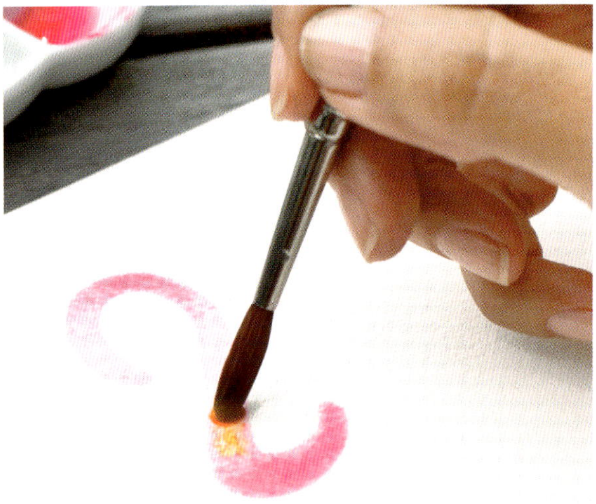

1

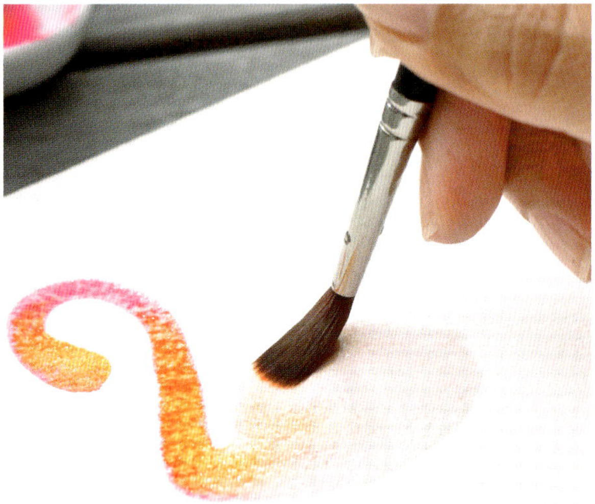

2

SCHRITT 1: Zuerst wird der lange, elegant geschwungene Hals nass auf trocken gemalt.

Mit dem weichen Rundpinsel Nr. 6 ein helles Opernrosa aufnehmen und eine längliche, geschwungene Form malen, die der Ziffer 2 ähnelt. Für changierende Farbverläufe kleine Tupfer mit hellem Kadmiumgelb im oberen und mittleren Bereich des Halses in die nasse Farbe geben und verlaufen lassen.

SCHRITT 2: Auch die erste Schicht des Körpers wird nass auf trocken gemalt.

Den Pinsel nur kurz durch das Wasser schwenken und ein mittelgroßes Oval malen. Dafür mit dem nassen Pinsel Farbe vom unteren Teil des Halses in das Oval ziehen. So wirkt der Körper sehr weich und fast transparent.

Vollständig trocknen lassen.

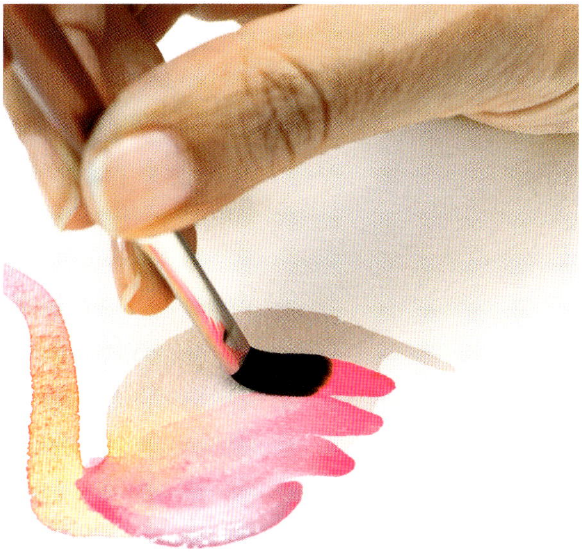

3a

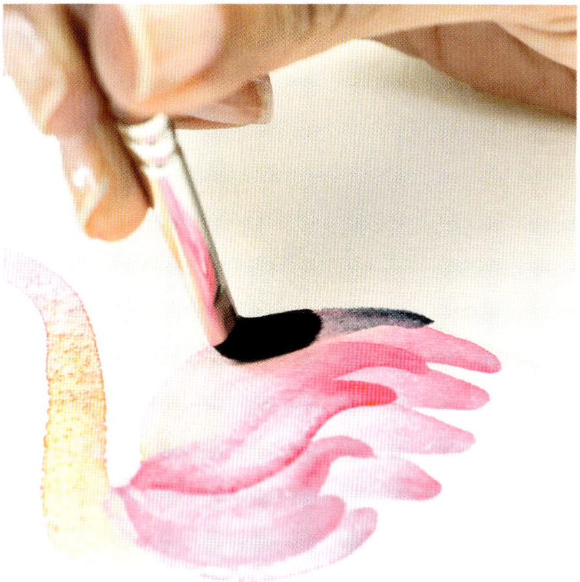

3b

SCHRITT 3: Nun folgen die Federn, die dem Flamingo sein königliches Aussehen geben.

Den weichen Katzenzungenpinsel Nr. 4 mit klarem Wasser anfeuchten und nur die Spitze in ein mittleres Opernrosa tauchen. Den Pinsel mit leichtem Druck vom unteren Rand des Ovals in einem Bogen zum Ansatz des Halses ziehen. Diesen Schritt vier- oder fünfmal wiederholen, dabei jeweils eine Pinselbreite zum Schwanzende vorrücken. Dies ist die erste Schicht des Gefieders.

Hinweis: Wenn nur mit der Spitze eines feuchten Pinsels Farbe aufgenommen wird, entsteht beim Malen ganz von selbst ohne weiteres Zutun ein Tonwertverlauf auf dem Papier.

Diesen Schritt noch ein- oder zweimal wiederholen, je nachdem, wie flauschig der Flamingo aussehen soll. Nach jeder Schicht den Pinsel gut auswaschen, damit sich schöne Farbverläufe ergeben.

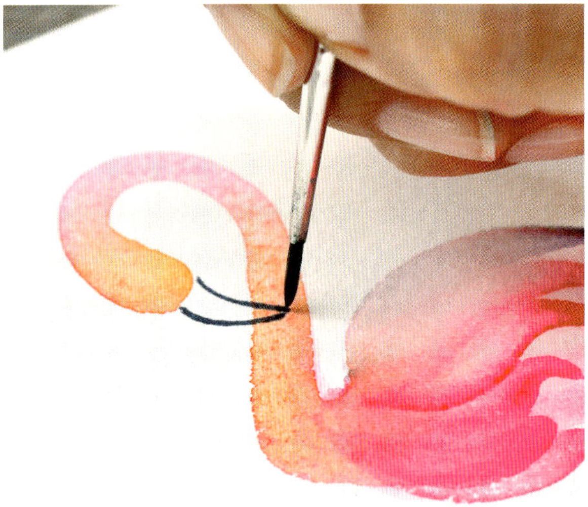

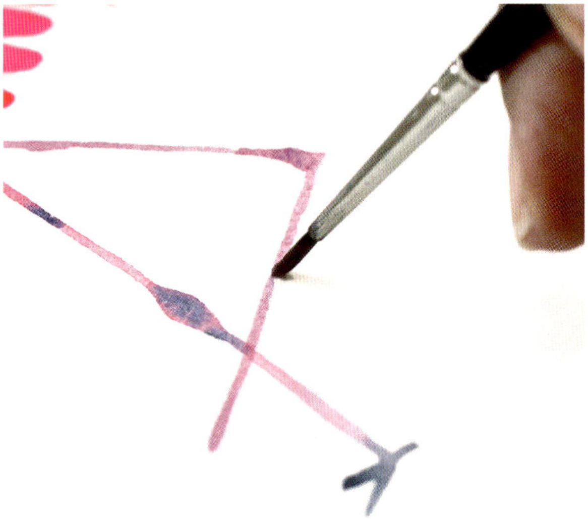

4

5

SCHRITT 4: Jetzt wird der Schnabel des Flamingos gemalt.

Während die Gefiederschichten trocknen, mit dem dünnen Pinsel Nr. 0 etwas dunkles Paynesgrau aufnehmen und den Schnabel des Flamingos malen. Ans obere Ende der »2« zwei dünne, gekrümmte Striche anfügen, die sich treffen. Die Form erinnert an eine leicht gekrümmte Eistüte. Von der Schnabelspitze aus eine kürzere Mittellinie in Richtung Kopf einfügen, dann nur die Schnabelspitze mit etwas Paynesgrau ausfüllen.

SCHRITT 5: Beim Malen der langen Beine muss darauf geachtet werden, dass Flamingos – wie viele andere Tiere – Kniegelenke haben. Diese werden durch Verdickungen auf halber Höhe der Beine dargestellt.

Den Pinsel Nr. 0, der noch Paynesgrau enthält, mit der Spitze in Opernrosa tauchen. Von der unteren Mitte des Bauchs aus einen langen senkrechten Strich malen. Die Länge des Strichs kannst du selbst bestimmen: Flamingobeine sind sehr lang!

Vom gleichen Ausgangspunkt aus das andere Bein im Winkel malen. Die Knie am Knick des Dreiecks und auf halber Höhe des geraden Beins kannst du einfach mit einigen kurzen Pinselstrichen als Verdickungen andeuten. Für die Füße genügt es, ans Ende jedes Beins drei kurze, sternförmig angeordnete Striche anzufügen.

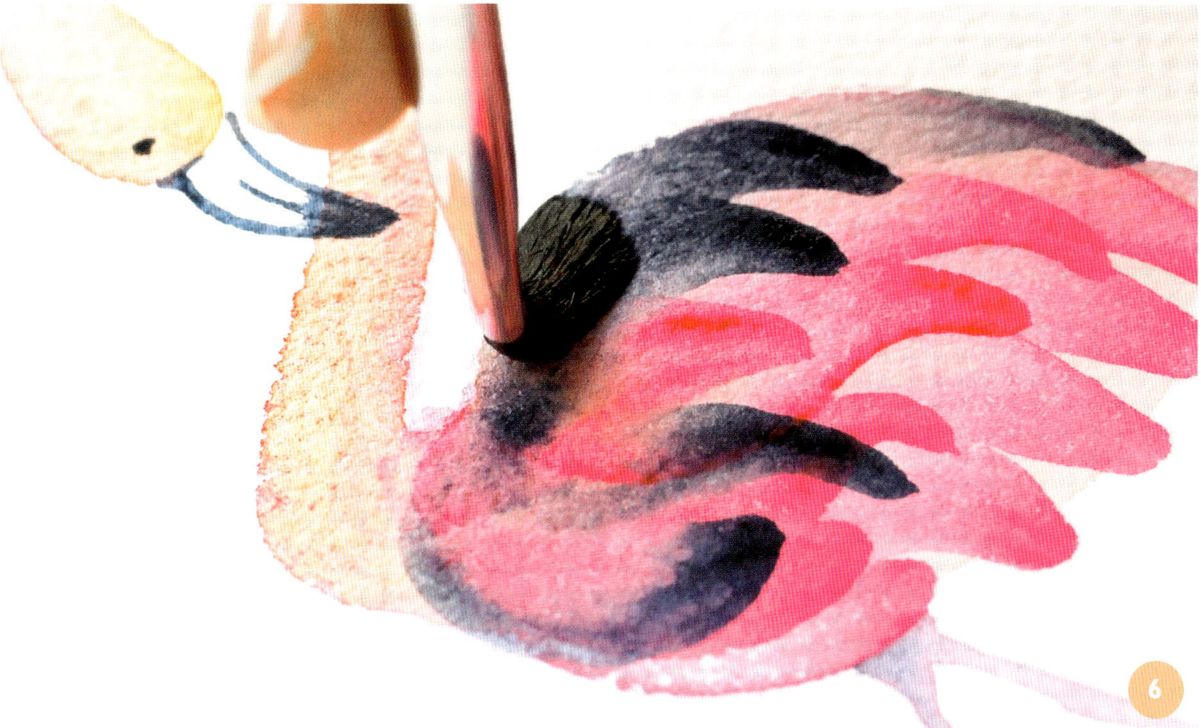

SCHRITT 6. Die letzte Gefiederschicht gibt dem Flamingo sein weiches, flauschiges Aussehen.

Für die letzte Gefiederschicht verwende ich gern eine dunklere Farbe, um dem Bild mehr Energie und Kontrast zu geben. Nur mit der Spitze des Katzenzungenpinsels ein mittleres Paynesgrau aufnehmen auf die vorherigen Federn noch eine Schicht weicher Federbögen malen.

Zum Schluss kannst du mit einigen zarten, waagerechten Pinselstrichen unter den Füßen noch Wasser oder Wiese andeuten und kürzere senkrechte Pinselstriche für Gräser hinzufügen. Damit ist die Komposition fertig.

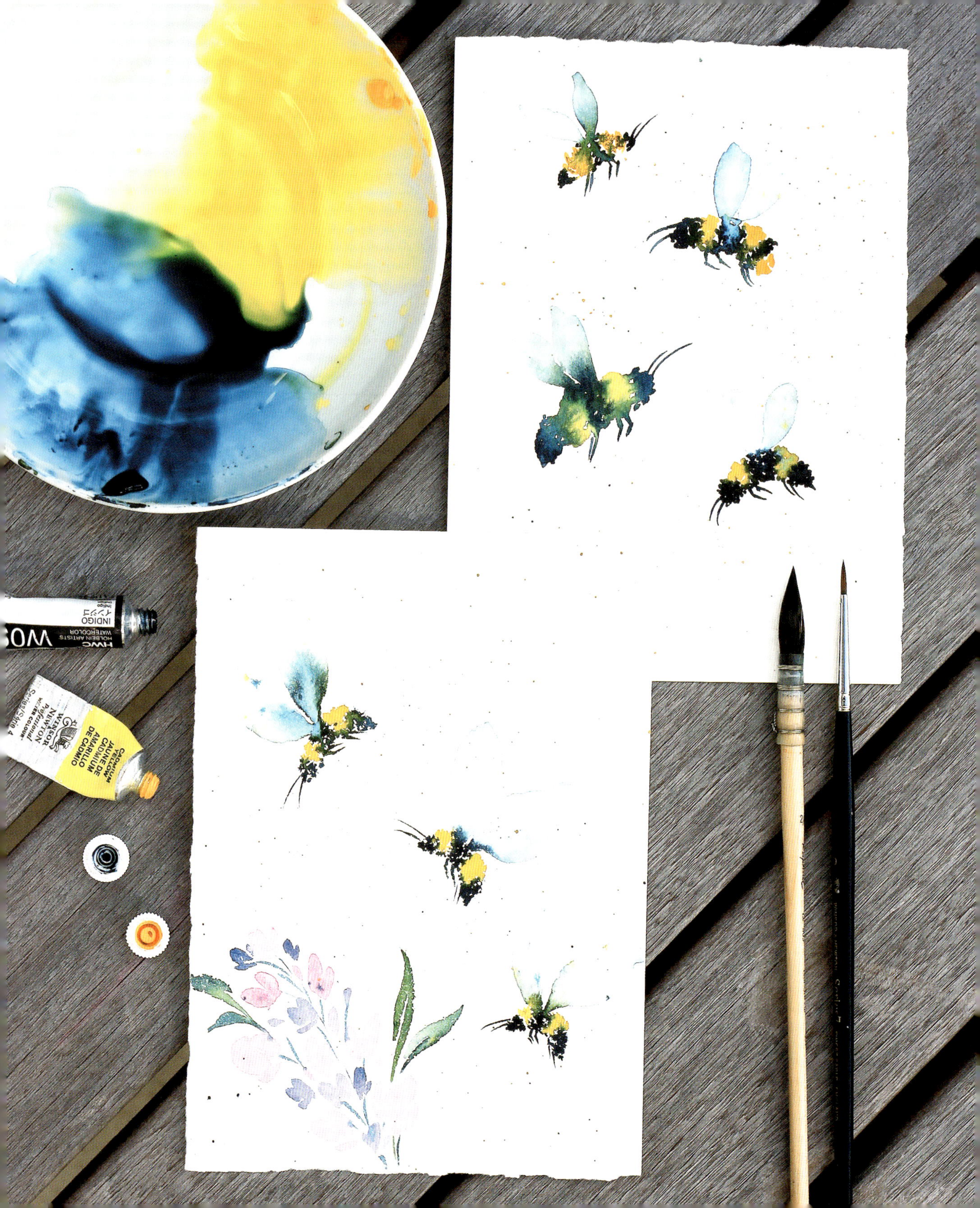
HWC
HOLBEIN ARTISTS WATERCOLOR
INDIGO
CADMIUM YELLOW
JAUNE DE CADMIUM
AMARILLO DE CADMIO

Emsige Bienen

Natürlich gehören auch Bienen in dieses Buch, denn unser schöner Planet würde ohne ihre überaus fleißige Arbeit nicht überleben. Ihre zarten Flügel und ihr kräftiger Stachel kann man als Symbol dafür verstehen, dass Gegensätze durchaus ein harmonisches Ganzes bilden können, wie Yin und Yang.

In diesem letzten Projekt möchte ich auch ein letztes Mal betonen, wie wichtig es ist, dass du beim Malen in einen Flow findest und eine starke Beziehung zu deinem Pinsel und deinen Techniken aufbaust. Ich hoffe, du erlebst beim Malen der schönen Bienen einen Moment der Ruhe und Gelassenheit.

Material

- Indigo
- Kadmiumgelb
- Weicher Rundpinsel Nr. 0
- Weicher Rundpinsel Nr. 4

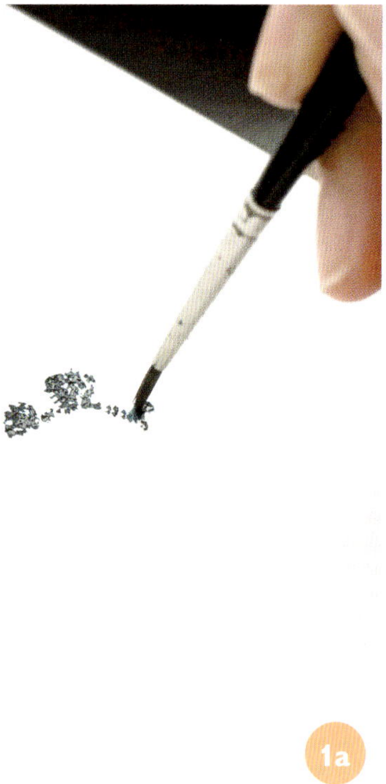

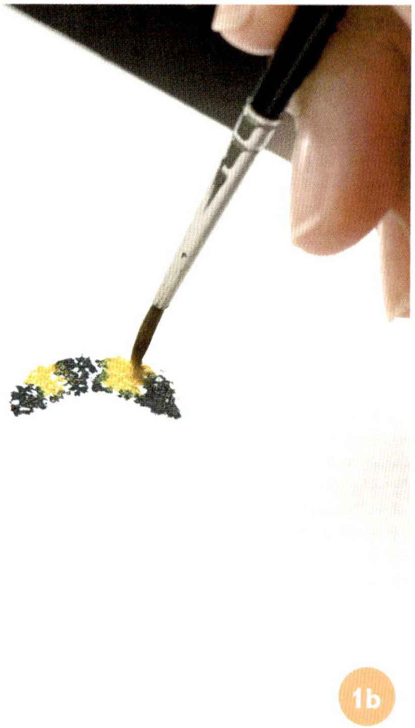

SCHRITT 1: Zuerst wird der Köper der Biene gemalt.

Mit dem feinen Pinsel Nr. 0 reichlich dunkles Indigo aufnehmen und eine kurze, gekrümmte Linie auf das Papier tupfen. Darüber drei kleine Bereiche – an den Enden und in der Mitte – aus Tupfen gestalten.

Den Pinsel gut auswaschen und ein intensives, dunkles Kadmiumgelb aufnehmen. Mit dieser Farbe zwei Tupfenfelder zwischen die dunklen Bereiche setzen. Damit ist der Bienenkörper schon fertig.

SCHRITT 2: Jetzt folgen die Details.

Mit dem Pinsel wieder Indigo aufnehmen und an ein Ende des Körpers zwei dünne Striche für die Fühler anfügen. Im gleichen Arbeitsgang auch die Beine malen. Alle Insekten haben sechs Beine; von der Seite sieht man sie nicht alle.

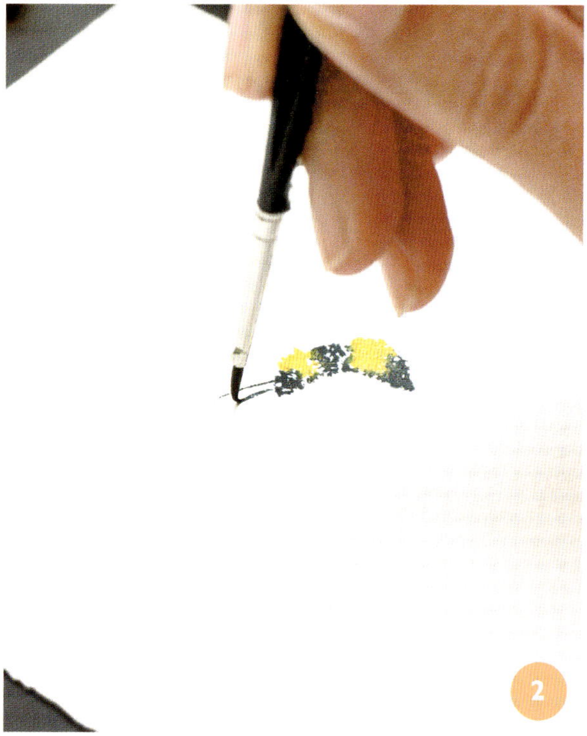

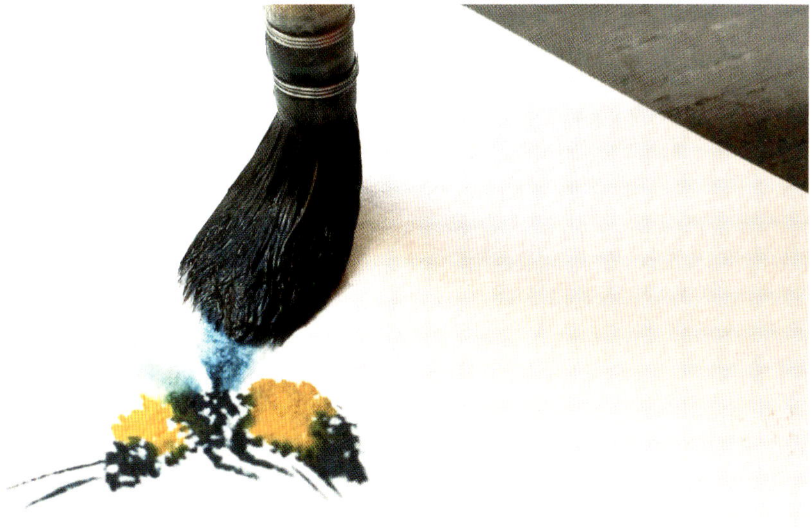

3

SCHRITT 3: Jeder zarte, transparente Flügel wird mit nur einem Pinselstrich gemalt.

Den mittleren Rundpinsel Nr. 4 nur mit klarem Wasser anfeuchten und etwas von dem Indigo aus der Mitte des Bienenkörpers nach oben ziehen, um einen Flügel zu gestalten. Nimm dir etwas Zeit und sieh zu, wie die Farbe vom Bienenkörper sich im Wasser auf dem Papier auflöst und verteilt. So entsteht ein ganz blasser, transparenter Farbton, den man kaum noch erkennt.

Diese magischen Momente sind es, die mich an der Aquarellmalerei vom ersten Augenblick an fasziniert haben.

Du siehst: Mit nur drei ganz einfachen Arbeitsschritten kannst du Bienen malen. Vielleicht sind sie unterwegs, um die Blumen zu bestäuben, die du im ersten Kapitel dieses Buchs gemalt hast.

Dank

Mein besonderer Dank gilt meiner Schwester Andrea, die mir bei der Entwicklung dieses Buches mit ihrem künstlerischen Auge und ihrem fotografischen Talent zur Seite stand.

Ein herzlicher Dank geht auch an Page Street Publishing, die mir die Möglichkeit gaben, mein erstes Buch zu schreiben.

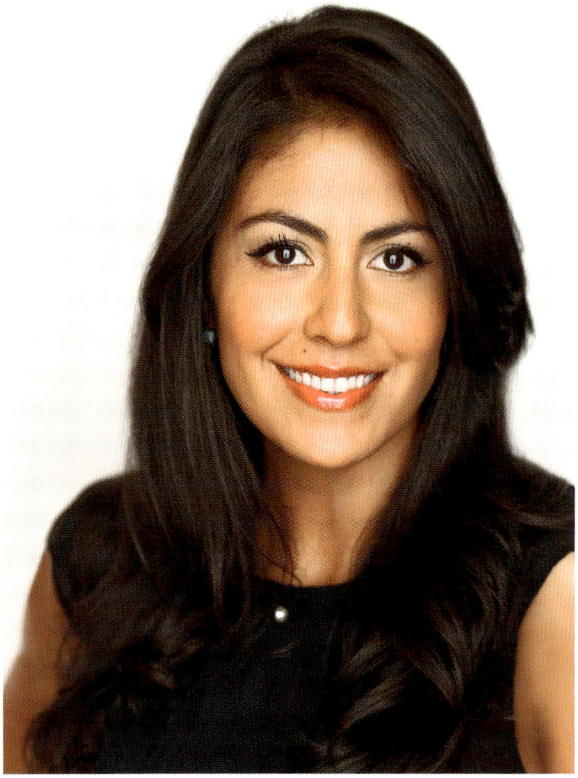

Die Autorin

Angelica Torres ist Designerin für Themenwelten. Sie hat Architektur und Theaterdesign studiert und arbeitet derzeit hauptberuflich in der Konzeption von Themenparks.

2015 war Angelica auf der Suche nach einer Heilmethode und begann, botanische Aquarelle zu malen. 2018 lebte sie in Osaka und gründete *Love Letters to Milo*, um die meditativen und heilenden Aspekte der Aquarellmalerei, die sie für sich selbst entdeckt hatte, einem breiteren Publikum vorzustellen. Sie selbst hatte mit kleinen Fünf-Minuten-Bildern begonnen, die sie morgens vor der Arbeit malte. So hat sie allmählich ihre Fähigkeiten immer weiter ausgebaut, um mit jedem Pinselstrich die heilende und entstressende Wirkung des meditativen, achtsamen Malens zu nutzen.

Wenn sie nicht gerade malt, träumt sie oft von ihrem nächsten Reiseziel, dreht YouTube-Videos oder spielt Tennis.

Register

F

G

H

K

L

M

N

O

P

R

S

T

U

V

W

Z